Praxisreihe Situationsansatz

Gut, dass wir so verschieden sind

Praxisreihe Situationsansatz

Gut, dass wir so verschieden sind

Zusammenleben in altersgemischten Gruppen

Elke Heller

Illustrationen von Manfred Bofinger

Ravensburger Buchverlag

Vorwort

Die Deutsche Bibliothek –
CIP-Einheitsaufnahme

Gut, dass wir so verschieden sind: Zusammenleben in altersgemischten Gruppen / Elke Heller. Ill. von Manfred Bofinger.
[Hrsg. Jürgen Zimmer]. –
Ravensburg: Ravensburger Buchverl., 1998
(Praxisreihe Situationsansatz)
ISBN 3-473-98903-7

Elke Heller
Diplom-Pädagogin, Dr. paed., Kindergärtnerin, Erfahrung in der Erziehungsarbeit und in der Fortbildung von Erzieherinnen in der DDR; wissenschaftliche Mitarbeiterin an der Freien Universität Berlin, Projektleiterin im Institut für den Situationsansatz der Internationalen Akademie.

© 1998 Ravensburger Buchverlag
   Otto Maier GmbH
   Pädagogische Arbeitsstelle
– Dieser Band erscheint innerhalb der
12-bändigen Praxisreihe Situationsansatz –
Alle Rechte vorbehalten.
Buchkonzeption: Gisela Walter
Redaktion: Cornelia Stauß, Berlin
Printed in Germany

ISBN 3-473-98903-7

Diese Praxisreihe mit ihren 12 Bänden ist zugleich der Ergebnisbericht des Projektes „Kindersituationen". In allen neuen Bundesländern und im Ostteil Berlins beteiligten sich zwölf Kindertagesstätten, um nach dem Konzept des Situationsansatzes die pädagogische Arbeit weiterzuentwickeln. Die Leitung des Projektes lag bei Prof. Dr. Jürgen Zimmer, Freie Universität Berlin. Gefördert wurde es vom Bundesministerium für Familie, Senioren, Frauen und Jugend und unterstützt von den zuständigen Länderministerien.
Die Erzieherinnen der Modelleinrichtungen suchten in Zusammenarbeit mit Eltern, anderen pädagogischen Fachkräften und durch eigene Beobachtungen nach sogenannten Schlüsselthemen, bearbeiteten diese auf vielfältige Art und dokumentierten ihre Erfahrungen und Erlebnisse. Eine wichtige Grundlage hierfür war die vorausgehende Analyse der Lebenswirklichkeit der Kinder und ihrer Familien.
Auf der Basis der pädagogischen Dokumentationen entstanden die Praxisbücher. Sie wurden mit theoretischen Informationen und methodischen Anregungen ergänzt, sodass jede Erzieherin damit arbeiten kann, mit ihrer Kindergruppe vom Säuglingsalter bis Hortalter, mit ihrem Kolleginnen-Team, mit Eltern oder im Rahmen einer Fortbildung.
Die Konzeption der Praxisbände wurde in Zusammenarbeit mit dem Ravensburger Verlag entwickelt. Die Kapitel der Bücher entsprechen den vier Planungsschritten des Situationsansatzes: Situationen analysieren, Ziele festlegen, Situationen gestalten, Erfahrungen auswerten. Weil die Praxisberichte von Erzieherinnen geschrieben wurden, wendet sich das Buch mit direkter Anrede an die Erzieherinnen, selbstverständlich sind auch alle Erzieher angesprochen. Die Stifte in den Texten markieren Originalbeiträge aus den Praxisdokumentationen. Alle Namen der Kinder und Eltern wurden geändert.
Ergänzend zu den Büchern gibt es eine Materialbox mit praktischen Arbeitshilfen, ein Handbuch mit Grundinformationen des Situationsansatzes und ein Diskussionsspiel für die Teamarbeit nach dem Konzept des Situationsansatzes.
Um die Reformbewegung des Projektes „Kindersituationen" fortzusetzen und andere Reform-Bemühungen zu unterstützen, wurde das Institut für den Situationsansatz gegründet. Weil in der Praxis sicherlich neue Fragen, andere Meinungen und Kritik entstehen werden, bietet sich das Institut für einen Erfahrungsaustausch an. Hier die Adresse:
INA gGmbH c/o Freie Universität Berlin, Fachbereich Erziehungswissenschaften, Prof. Dr. Jürgen Zimmer, Habelschwerdter Allee 45, 14195 Berlin.

Inhaltsverzeichnis

Moment mal!   9

**1. Erkunden –
Situationen analysieren**   13

Altersgemischte Gruppe – eine
neue Situation für Erzieherinnen,
Kinder und Eltern   14

Was ist anders in altersgemischten
Gruppen?   18

Das lernen ältere und jüngere
Kinder voneinander   20

Auch Beziehungen zu Gleichaltrigen sind wichtig   22

Unterschiedliche
Beziehungsstrukturen ermöglichen   24

Erzieherinnen vor neuen
Herausforderungen   28

Inhaltsverzeichnis

**3. Handeln –
Situationen gestalten**   41

Von den Schwierigkeiten
des Anfangs   42

Kleine und Große
gestalten ihre Räume   48

Frühstück selbst gemacht   54

Rituale und Traditionen stärken
das Zusammengehörigkeitsgefühl   60

Das einzelne Kind bleibt im Blick   66

**2. Entscheiden –
Ziele festlegen**   31

Altersgemischte Gruppen –
ein Merkmal des Situationsansatzes   32

Was Große und Kleine lernen
und erfahren sollen   34

Erzieherinnen sammeln neue
Erfahrungen   38

Inhaltsverzeichnis

Projekte mit Kindern
planen und gestalten   70

Wenn die Großen in die Schule
kommen – ein gruppenübergreifendes
Projekt   74

**4. Nachdenken –
Erfahrungen auswerten**   79

Wie geht es den Kindern?   80

Was sagen die Eltern?   84

Wie ist es den Erzieherinnen
ergangen?   86

Wie die eigenen Arbeit überprüfen?   88

Wie geht es weiter?   90

Verwendete Literatur   92

Literatur zum Weiterlesen   93

Wer an dem Buch beteiligt war   95

Moment mal!

Plötzlich und unerwartet altersgemischt – und was nun?

Das Zusammenleben von Kindern in Kindertagesstätten ersetzt wichtige Lebens- und Lernerfahrungen, die sie in den heutigen Familienstrukturen kaum mehr erleben können. Viele Kitas in den alten Bundesländern haben diese Erkenntnis schon lange in ihr pädagogisches Konzept aufgenommen und ihre vormals nach Alter „sortierten" Gruppen gemischt.

Völlig anders war die Situation in den Kindereinrichtungen der neuen Bundesländer: Erst mit der Wende wurden die voneinander getrennten Einrichtungen Krippe, Kindergarten und Hort zusammengelegt, faktisch von heute auf morgen. Der Geburtenrückgang hat dazu geführt, dass etliche Einrichtungen schließen mussten oder zumindest viele Gruppen zusammengelegt wurden. Die wenigen Neuanmeldungen erzwangen sozusagen die Altersmischung – also eine Öffnung nach unten oder nach oben – lediglich aus dem Grund, die eigene Existenz zu sichern. Neue Träger kamen und übernahmen viele Einrichtungen, setzten dabei auch gleichzeitig ihre eigenen pädagogischen Vorstellungen und Konzepte durch, in denen die Altersmischung selbstverständlich war.
Eltern war das sehr recht, konnten sie dadurch endlich die Geschwisterkinder in eine einzige Einrichtung bringen, wodurch der Bring- und Abholstress stark gemindert werden konnte.
Schließlich verlangten auch die gesellschaftspolitischen Veränderungen sowie die sozialpädagogischen Ziele und Aufgaben des nun gültigen Kinder- und Jugendhilfegesetzes eine neue inhaltliche Orientierung.
Erzieherinnen, Kinder und Eltern mussten sich in einer sehr kurzen Zeit auf diese neue Situation umstellen.
Erzieherinnen in den neuen Ländern hatten ihre Erfahrungen in altersgleichen Gruppen gesammelt. Heute stehen sie vor einer neuen beruflichen „Schlüsselsituation", die bewältigt werden muss.
Die Arbeit nach dem Situationsansatz ist hierbei eine große Unterstützung. Das Buch hat die Schlüsselsituation „Altersmischung" aufgegriffen und Erzieherinnen auf dem Weg dorthin begleitet.
Diese Anregungen und Erfahrungen sind für alle Erzieherinnen wichtig, die in altersgemischten Gruppen arbeiten, eine Unterscheidung zwischen Ost und West spielt hier keine Rolle (mehr).

Im Kapitel eins „Erkunden" werden die besonderen Erfordernisse und Bedingungen der Arbeit in altersgemischten Gruppen herausgearbeitet. Fragen, die Erzieherinnen in diesem

Altersmischung, ein Thema für Ost und West

Moment mal!

Welche besonderen Möglichkeiten bietet das Leben in altersgemischten Gruppen?

Zusammenhang stellen, werden durch theoretische Erkenntnisse und praktische Erfahrungen beantwortet. Somit ist der erste Schritt des situationsorientierten Arbeitens erfüllt.

Im Kapitel zwei „Entscheiden" werden die Ziele der Altersmischung gemeinsam mit den Eltern festgelegt. Im Vordergrund steht dabei die Frage: Welche besonderen Möglichkeiten bietet das Leben in der altersgemischten Gruppe für den Erwerb von Kompetenzen für ein selbstbestimmtes, solidarisches und sachgerechtes Handeln der Kinder?

Im Kapitel drei „Handeln" werden entsprechend dem dritten Schritt im Situationsansatz verschiedene Möglichkeiten für ein eigenständiges Handeln der verschiedenaltrigen Kinder im Alltag und in geplanten Projekten angeboten, die sich in der alltäglichen Praxis als erfolgreich erwiesen haben.

Das Kapitel vier „Nachdenken" gibt Anregungen, wie das pädagogische Handeln und die bisherigen Ergebnisse mit Leitfragen hinterfragt werden können, sodass Erzieherinnen ihre eigenen Erfolge kontrollieren und reflektieren können.

Moment mal!

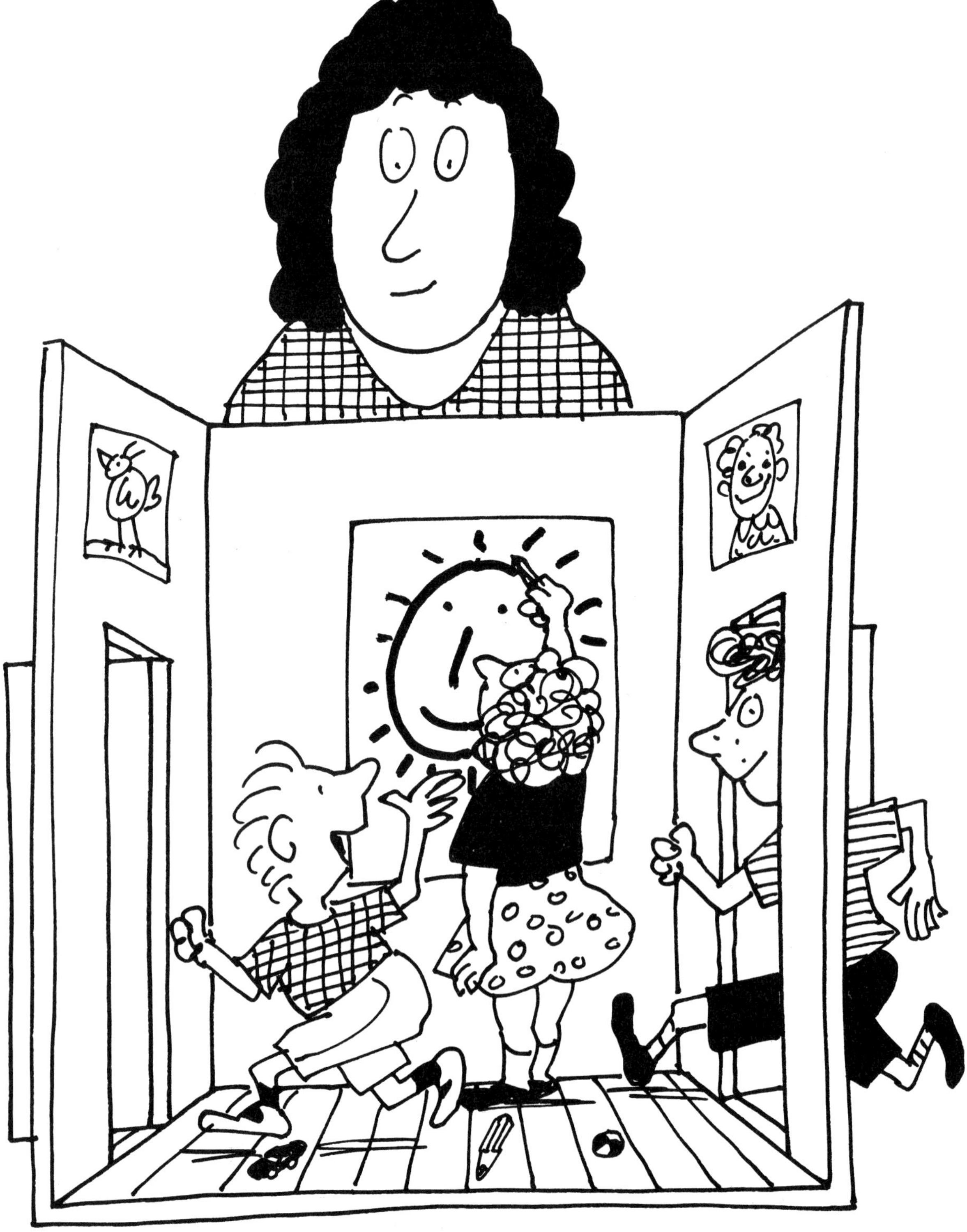

1. Erkunden – Situationen analysieren

Steht die Erzieherin vor der Situation, zukünftig mit altersgemischten Gruppen zu arbeiten, ist es nach dem Konzept des Situationsansatzes erst einmal Voraussetzung, diese neue Situation mit allen Beteiligten zu erschließen. Es ist wichtig, von Kindern, Eltern und Erzieherinnen im Vorhinein zu erfahren, was sie erwarten, was sie erhoffen und was sie befürchten.

Der Situationsansatz hilft Erzieherinnen, die richtigen Fragen dazu selbst zu finden. Tipps und Hilfestellungen für die Beobachtung verhelfen zu einer richtigen Einschätzung und Bewertung. Zusätzlich werden wichtige wissenschaftliche Erkenntnisse und Ergebnisse in einer leicht verständlichen Form dargestellt, vor allem die Fragen zu Entwicklungschancen von Kindern, die in altersgemischten Gruppen aufwachsen.

Wie sollen die Bedingungen sein, wie kann ein Kita-Leben gestaltet werden, damit sich die Kinder positiv entwickeln können?

Die Frage ist eingehend beantwortet, gleichzeitig sind Überlegungen zur Veränderung der Organisationsstruktur in der Kita angestellt worden, damit die Altersmischung auch tatsächlich gut klappt.

Zudem erhalten Erzieherinnen Unterstützung und Argumentationshilfen für die Diskussionen mit Eltern, mit dem Träger und der Öffentlichkeit.

Erkunden

Altersgemischte Gruppe – eine neue Situation für Erzieherinnen, Kinder und Eltern

Nun stand es fest, in Kürze würden ältere und jüngere Kinder „gemischt" zusammen leben und lernen. Die Herausforderung lautete: Wie werden die Beteiligten, die Erzieherinnen, Kinder und Eltern damit zurechtkommen? Wie werden sie sich darauf einstellen?

Erzieherinnen machen sich mit der Situation vertraut

Zweifel und offene Fragen

Zunächst einmal machten sich die Erzieherinnen selbst mit dieser neuen Situation vertraut. Viele sahen dies als Chance, sich beruflich weiter zu profilieren, aus dem „alten Trott" herauszukommen, etwas Neues auszuprobieren. Eigentlich war es ihnen schon immer klar, das bestätigten Fachgespräche mit Kolleginnen wie auch die Fachliteratur: Kinder haben in altersgemischten Gruppen einen breiteren Erfahrungsraum. Die verschiedenen Interessen und Bedürfnisse der Kinder bereichern das Leben in der Gruppe, die sozialen Beziehungen entwickeln sich günstiger, die Kinder lernen viel voneinander, Konkurrenz- und Leistungsdruck unter Gleichaltrigen fällt weg und vieles andere mehr.

Dennoch: Die Situation war neu, und so blieben viele Zweifel und offene Fragen:
- Wie schaffe ich das?
- Kann ich den unterschiedlichen Bedürfnissen der jüngeren und älteren Kinder zugleich nachkommen?
- Werden die Kleinen überfordert und von den Großen „an die Wand gedrängt"?
- Sind die Kinder auch gern mit Gleichaltrigen zusammen; stülpen wir ihnen etwas über, was sie selbst gar nicht wollen?
- Wie muss der Raum umgestaltet werden, damit den differenzierten Lebensbedürfnissen Rechnung getragen wird?
- Wie ist es, wenn zwei Erzieherinnen in einer Gruppe arbeiten?

Altersgemischte Gruppe – eine neue Situation für Erzieherinnen, Kinder und Eltern

Wie werden die Kinder zurechtkommen?

Daran knüpfte sich die Frage: Wie werden die Kinder mit dieser veränderten Situation umgehen?
In den ersten Gesprächen waren die Älteren fast begeistert, als sie davon erfuhren, dass nun auch Kleine in die Gruppe kommen würden. „Die sind ja so niedlich!" Sie wollten kleine Tische und Stühle besorgen, überlegten sich, wie sie alles zeigen könnten, wie sie beim An- und Ausziehen helfen oder was sie ihnen zur Begrüßung schenken könnten. Es gab aber auch skeptische Reaktionen wie: „Mit denen kann man ja nicht so richtig spielen, die machen alles kaputt."
„Sie räumen alles raus, fassen alles an und lassen alles liegen, wir müssen dann alles machen!"
Die jüngeren Kinder freuen sich vorbehaltlos auf die Großen. „Das sind unsere Freunde, die spielen mit uns und helfen uns." Nur Matthias war skeptisch: „Die schubsen uns immer weg!"

Fragen der Erzieherinnen:
- Welche Konflikte und Probleme werden sich ergeben, und wie helfen wir den Kindern, diese zu lösen?
- Welche Bedingungen sind zu schaffen, damit Kinder auch ungestört mit Gleichaltrigen tätig sein können?

Was erwarten die Eltern?

In Gesprächen, Wandzeitungen und Elternbriefen informierten die Erzieherinnen die Eltern über die neue Situation.
Es kam daraufhin zu unterschiedlichen Reaktionen. Besonders Eltern von Einzelkindern begrüßten diese Form des Zusammenlebens sehr. Gut fanden Eltern von Geschwisterkindern, dass diese nicht mehr getrennte Einrichtungen bzw. verschiedene Gruppen besuchen müssen. Das Bringen und Holen würde so viel einfacher.
Die Eltern versprachen sich viel davon, dass sie auf diese Weise nur eine bzw. zwei Ansprechpartnerinnen über einen längeren Zeitraum hätten, sich dadurch die Beziehungen zur Erzieherin und zur Kindertagesstätte festi-

Kleine und große Kinder sind gespannt aufeinander

Einladung zur Elternversammlung

Liebe Eltern,
bald gehen viele Kinder aus unserer Gruppe in die Schule, neue Kinder kommen dazu. Es werden viele kleine Kinder neu in unserer Gruppe sein, d. h. jüngere und ältere Kinder werden in gemischten Gruppen zusammen spielen und lernen. Wir versprechen uns davon viele neue Impulse für die Entwicklung der Kinder.
Beim Elterngespräch im Juni wollen wir uns ausführlich darüber verständigen. Bitte denken Sie doch schon vorher darüber nach:
- Welche Erwartungen verknüpfen Sie mit der altersgemischten Gruppe für Ihr Kind?
- Worauf sollten wir achten?
- Welche Bedenken haben Sie?

Über all das und anderes wollen wir am 15. Juni um 17 Uhr bei einem kleinen Imbiss in unserer Kita sprechen. Für die Betreuung Ihres Kindes ist selbstverständlich wieder gesorgt.
Wir freuen uns auf Ihren Besuch!

Mit freundlichen Grüßen
Ihre Gisela Sch.

Erkunden

Eltern sehen Vor- und Nachteile

gen würden und sich auch die Eltern so näher kennen lernen könnten. Sie erwarteten auch, dass sich das Zusammenleben verschiedenaltriger Kinder positiv auf die gegenseitige Hilfsbereitschaft, Toleranz und Achtung auswirken würde. Vor allem die Kleinen könnten sich viel von den Großen abschauen und würden so schneller selbstständig.

Eltern haben auch Bedenken

Worin aber lagen die Bedenken? Eltern befürchteten, dass die jüngeren Kinder, insbesondere die ganz Kleinen, zu kurz kommen, dass ihnen und ihren Bedürfnissen zu wenig Aufmerksamkeit geschenkt wird. Haben sie genügend Schlaf und Ruhe? Ist auch genügend Fürsorge und Aufsicht gewährleistet?
Hier die typischen Ängste von Eltern kleinerer Kinder:
„Ich finde eine altersgemischte Gruppe ganz gut. Die Kinder lernen, sich auf unterschiedliche Bedürfnisse einzustellen, tolerant und hilfsbereit miteinander umzugehen, was für das Leben in der heutigen Gesellschaft sehr wichtig ist. Ich habe nur Angst, dass die Kleinen stark überfordert werden. Förderung der Selbstständigkeit finde ich gut, aber nicht so schnell. Mein Heiko kann sich zum Beispiel noch nicht allein den Po abwischen, auch die Schuhe kann er sich nicht richtig anziehen. Achtet keiner darauf, läuft er den ganzen Tag mit „Ziegenfüßen". Oftmals ist er auch falschrum angezogen. Andererseits befürchte ich, dass die Großen die Kleinen zu sehr betütteln. Können die Erzieherinnen denn das alles beachten?"
Eine Mutter brachte auf den Punkt, was viele Eltern künftiger Schulanfänger bewegte:
„Im Grunde finde ich die Altersmischung gut. Ich habe aber Bedenken, ob auch die Großen genug gefördert werden. Ich hoffe, dass nicht nur die Kleinen im Mittelpunkt

Altersgemischte Gruppe – eine neue Situation für Erzieherinnen, Kinder und Eltern

stehen und die Zeit der Erzieherin beanspruchen. Die älteren Kinder müssten doch mehr gefordert werden, auch mal etwas nur für sich tun können, nicht immer nur Rücksicht nehmen. Wichtig ist die gute Schulvorbereitung, wie sie es vorher in der reinen älteren Gruppe war. Ich denke, Vor- und Nachteile gibt es auch in altersgemischten Gruppen. Vieles steht und fällt mit dem Engagement der Erzieherinnen."

Eltern wünschen eine ausgewogene Zusammensetzung der altersgemischten Gruppe, damit sich Kinder auch mit Gleichaltrigen zusammentun können.
Insgesamt war den Eltern wichtig, dass ihre Kinder sich wohl fühlen, liebevoll betreut werden und vielseitige Entwicklungsanregungen erhalten. Daran sollte sich durch den Wechsel von altersgleicher zur altersgemischten Gruppe nichts ändern!

Erzieherinnen machen sich sachkundig

Die Hinweise und Bedenken der Eltern sowie die Äußerungen der Kinder wurden von den Erzieherinnen aufgenommen und mit den eigenen Fragen verglichen. Sie machten sich außerdem sachkundig durch Fachliteratur. Sie wollten erfahren:
- Worin liegen die besonderen Wirkungen und Anregungen des Lebens in altersgemischten Gruppen für die Entwicklung der Kinder?
- Wie ist die pädagogische Arbeit zu gestalten, damit Über- bzw. Unterforderungen der Kinder der verschiedenen Altersstufen vermieden werden und alle Kinder entwicklungsfördernde Anregungen erhalten?
- Welche Rahmenbedingungen (altersmäßige Gruppenzusammensetzung, Raumgestaltung, Teamarbeit u. a.) sind erforderlich?

Fragen werden gestellt – Antworten gesucht

Erkunden

Was ist anders in altersgemischten Gruppen?

Zahlreiche Bücher und Zeitschriftenartikel zum Thema Altersmischung sind Erzieherinnen zugänglich. Die aktuellen theoretischen Erkenntnisse und praktischen Erfahrungen sind hier kurz zusammengefasst.

Pädagogisches Allgemeingut

In altersgemischten Gruppen können Kinder verschiedenen Alters und unterschiedlichen Entwicklungsstandes zusammen leben, spielen und lernen. Eine ideale Alternative für die vielen Kinder, die in Ein-Kind-Familien aufwachsen und kaum noch mit Kindern unterschiedlichen Alters Berührung haben. Die Gruppe, in der sich Kinder unter ihresgleichen ungeplant und ungezwungen zusammenfinden, miteinander spielen, sich streiten und Konflikte lösen, hat unersetzbare Wirkungen für die Entwicklung von Kindern. Sie bildet ein eigenständiges soziales Beziehungsgefüge und ist ein wichtiger Ausgleich zu den emotionalen und intimen, oftmals von Dominanz geprägten Beziehungsstrukturen in der Familie.

Die altersgemischte Gruppe gleicht Erfahrungsdefizite heutiger Kindheit aus

Worin liegen diese Wirkungen?

Die Kinder können in der Gruppe gleichberechtigt ihre gegenseitigen Erwartungen mitteilen, gemeinsame Vorhaben planen und aushandeln, Kompromisse finden.

„Spielst du mit mir Eisenbahn? Zuerst bauen wir die Schienen und dann fahren wir." „Nein, wir spielen lieber Autobus." „Na gut, dann brauchen wir aber auch Leute, die mitfahren."
„Los, wir fragen mal, wer noch mitspielt."
Die Kinder machen im täglichen Umgang Erfahrungen, wie man sich in bestimmten Situationen verhält, wie man Beziehungen zu anderen herstellen kann, wie man einen Partner gewinnt, wie überhaupt menschliches Verhalten „funktioniert". Das ist nicht von außen auferlegt, quasi als Lernaufgabe, sondern es spielt sich im ganz natürlichen Zusammenleben ab, die Kinder lernen in realen Lebenssituationen. (vgl. Peukert 1995)

Welche besonderen Entwicklungsmöglichkeiten bietet die altersgemischte Gruppe?

Durch das natürliche Zusammenleben sind die Beziehungen der Kinder weniger durch Konkurrenz, Wettbewerb und Leistungsvergleich geprägt. Sie reagieren viel gelassener; unangemessene Aggressionen unter Gleichaltrigen, verfestigte soziale Rangfolgen treten weniger auf. Kinder mit Entwicklungsverzögerungen oder mit Defiziten in bestimmten Leistungsbereichen können leichter ihren Platz in der Gruppe finden und ihr Selbstwertgefühl entfalten. Sie

Was ist anders in altersgemischten Gruppen?

müssen nicht mit Gleichaltrigen konkurrieren, sondern können sich ihrer Entwicklung gemäße Partner suchen. Von daher bietet die altersgemischte Gruppe auch gute Voraussetzungen für die Integration behinderter Kinder.

Jedes Kind kann sich in verschiedenen Rollen und Positionen erproben. Über- und Unterlegenheit wechseln sich ab. Das Kind erlebt sich einerseits als jemand, der Hilfe und Anregung geben kann, andererseits auf Hilfe angewiesen ist und von anderen viel lernen kann. Es entsteht ein natürliches Ungleichgewicht, das intensive Erfahrungen in Bezug auf den Wechsel von Angewiesensein und Mitverantwortung ermöglicht. Das Zusammenleben von jüngeren und älteren Kindern fordert dazu heraus, rücksichtsvoll zu sein, zuzuhören, anderen etwas geduldig zu erklären, sich von anderen etwas abzugucken, sich etwas zeigen zu lassen, eigene Interessen zu behaupten, sie aber auch mal zurückzustellen oder unterschiedliche Konfliktmöglichkeiten zu erproben.

Die verschiedenaltrigen Kinder haben selbstverständlich sehr verschiedene Interessen, Wünsche und Bedürfnisse, bringen unterschiedliche Erfahrungen und Tätigkeitsanreize in das gemeinsame Leben ein. Jedem Kind bietet sich so eine Vielfalt von Tätigkeits- und Beziehungsmöglichkeiten, die es ihm erleichtern, Eigenes einzubringen und andere Interessierte für gemeinsame Vorhaben zu finden.

Wechsel der Rollen ermöglicht vielseitige Erfahrungen

Erkunden

Das lernen ältere und jüngere Kinder voneinander

Herausbildung sozialer Verhaltensweisen wird unterstützt

Was sich in Diskussionen um Altersmischung besonders heraushebt, ist der positive Einfluss auf die Herausbildung sozialer Verhaltensweisen bei den Kindern.
Ältere Kinder erleben hier die Hilfsbedürftigkeit der jüngeren und übernehmen gern die Verantwortung, wenn es darum geht, ihnen zu helfen – wenn es nicht zum Muss wird! Das Zusammenleben mit den Kleinen verlangt Toleranz und Rücksichtnahme, was im Umgang mit Gleichaltrigen weniger zum Zuge kommt. Die Älteren können Gefühle der Zärtlichkeit und liebevolle Zuwendung intensiv ausleben; das wird von ihnen als bereichernd erlebt.

Kleine sind nicht nur hilfs- und zuwendungsbedürftig. Sie geben auch eigene – ihrem Entwicklungsstand entsprechende – Impulse: Unmittelbarkeit, Erfindungsreichtum, Experimentierfreude, Spontaneität. Mut zum Chaos, die Heftigkeit der Gefühlsäußerungen sind bei älteren Kindern meist zivilisierteren – damit auch gebremsten – Äußerungsformen gewichen.
Wie man immer wieder feststellen kann, suchen jüngere Kinder ihrerseits gerne den Kontakt zu den älteren Kindern. Sie möchten am liebsten überall dabei sein. Sie erleben, dass sie Zuwendung und Hilfe nicht nur von Erwachsenen, sondern auch

Das lernen ältere und jüngere Kinder voneinander

von anderen Kindern erhalten, was das Spektrum ihrer eigenen Beziehungen erweitert.

Doch man darf nicht davon ausgehen, dass in altersgemischten Gruppen alle Probleme des Zusammenlebens gelöst sind. Größere können kleine Kinder auch einschüchtern, sie in ihrem Spielraum einschränken und kränken. Ebenso können die Kleinen den Großen lästig werden, wenn sie ständig zur Hilfe verpflichtet werden, wenn sie ständig Rücksicht nehmen müssen und nicht ungehindert ihren eigenen Interessen nachgehen können.

Hier sind die Anforderungen an die Erzieherinnen, die Beziehungen der Kinder untereinander im Blick zu behalten, förderliche Beziehungsstrukturen zu stabilisieren und Normen und Regeln des Zusammenlebens gemeinsam mit den Kindern zu erarbeiten.

Positiv werden die Anreize für die Entwicklung kognitiver Fähigkeiten bei jüngeren und älteren Kindern beschrieben (vgl. Völkel, 1995).

In altersgleichen Gruppen kommen die Lernanreize hauptsächlich von den Erwachsenen. Wenn verschiedenaltrige Kinder zusammenleben, lernen sie weitaus mehr voneinander. Die jüngeren Kinder beobachten, machen mit oder ahmen die Großen nach und erhalten auf diese Weise vielfältige Entwicklungsanreize. Sie versuchen von sich aus zu verstehen, was die Großen machen, da sie gern mit den Älteren zusammen sind und ihnen nacheifern. Die älteren Kinder bringen viele interessante Themen ein, die auch für die jüngeren verlockend sind. Diese wiederum sind stolz, wenn sie mitspielen und mittun dürfen, auch wenn sie manchmal nur „Hilfs-" oder „Zuträgerrollen" ausüben. Besonders nachhaltige Wirkungen ergeben sich daraus für ihre Sprachentwicklung.

Wenn sich die jüngeren stark am Verhalten der älteren Kinder orientieren, werden sie auch schneller selbstständig. Die Kleinen gehen früher von sich aus auf die Toilette, nehmen sich selbst Essen, benutzen Messer und Gabel, kurz: Sie nehmen die Dinge des täglichen Lebens in die eigenen Hände. Die entsprechende Ausstattung der Räume und die Auswahl des allen Kindern frei zur Verfügung stehenden Materials bieten den Jüngeren vielseitige Spiel- und Betätigungsmöglichkeiten, was sich wiederum positiv auf die Entwicklung ihrer Fähigkeiten und Fertigkeiten auswirkt.

Aber entgegen einigen Befürchtungen von Eltern größerer Kinder erhalten auch sie durch das Zusammensein mit den Jüngeren kognitive Anregungen.

Sie lernen, bereits erworbene Fähigkeiten und Kenntnisse anzuwenden, Bekanntes in anderer Form zu wiederholen bzw. neu zu überdenken, indem sie den Jüngeren etwas zeigen, etwas vormachen, Erfahrungen übermitteln, sich dabei auf das Entwicklungsniveau des jüngeren Kindes einstellen. Dadurch wird das eigene Wissen gefestigt und vor allem auch ihre Kommunikationsfähigkeit erhöht.

Jüngere und Ältere erhalten Anreize für die Entwicklung kognitiver Fähigkeiten

Erkunden

Auch Beziehungen zu Gleichaltrigen sind wichtig

Kinder sind (auch) gern mit Gleichaltrigen zusammen

Entgegen der allgemein akzeptierten Auffassung, dass bereits durch das Zusammenleben verschiedenaltriger Kinder positive Entwicklungsbedingungen gegeben sind, kommen kritische Studien zu dem Ergebnis, dass Kinder für ihre Entwicklung unbedingt auch gleichaltrige Kinder brauchen, um ihre altersgemäßen und entwicklungsbedingten Interessen und Bedürfnisse zu realisieren (vgl. Krappmann/Peukert 1995 und Thiersch/Maier-Aichen 1994).
Ausgangspunkt ist die Beobachtung, dass sich die Entwicklung von Kindern in mehreren Dimensionen vollzieht, die miteinander in enger Wechselbeziehung stehen.
Beziehungen gleichaltriger und verschiedenaltriger Kinder sind wichtig für die Entwicklung der Kinder, denn sie gehen auf jeder Ebene jeweils völlig andere Beziehungsstrukturen ein.

Beziehungen zu Gleichaltrigen stellen andere Herausforderungen

Die Beziehungen zu Gleichaltrigen sind weniger durch Dominanz oder Unterordnung geprägt und stellen so die Kinder vor andersartige Herausforderungen.
Im gemeinsamen Spiel und Tätigsein mit Gleichaltrigen führen Kinder oftmals heftige Auseinandersetzungen. Es geht darum, den Partner für ein Vorhaben zu gewinnen und faire Regeln auszuhandeln. Sie ringen um Verständnis für „ihre" Idee, „ihr" Vorhaben und um Kompromisse bei auseinander gehenden Positionen.
Hier müssen sie Konflikte gleichberechtigt und gleichrangig austragen und Einigkeit erzielen, soll das Spiel nicht abbrechen oder ein Vorhaben scheitern. Diese Erfahrungen sind wichtig für die Entwicklung des Selbstbildes und des Selbstbewusstseins der Heranwachsenden.
Kinder finden sich – das bestätigt auch die Praxis – gern mit solchen Kindern zusammen, die ihnen in bestimmter Weise gleich sind (wenn sie die Möglichkeit dazu haben!). Dabei geht es eher nicht um ein „Mitmachen", sondern um die selbstständige Organisation von gemeinsamen Vorhaben von Gleich zu Gleich. Aus heftigen Streitereien, in denen zum Beispiel die Regeln für das gemeinsame Vorhaben ausgehandelt werden, lernen Kinder zu argumentieren, das eigene Handeln überzeugend zu begründen und um einen Ausgleich zu ringen. Sie erfahren, wie man gleichberechtigt kooperieren kann.
Das trifft zwar für jüngere als auch für ältere Kinder zu, doch die jüngeren Kinder sind weitaus mehr auf die unterstützende Hilfe der Erwachsenen in ihrem gemeinsamen Tun angewiesen. Sie brauchen, auch wenn sie mit Gleichaltrigen zusammen sind, die Anwesenheit eines vertrauten Erwachsenen, bei dem sie Geborgenheit, Schutz und Rat finden.

Auch Beziehungen zu Gleichaltrigen sind wichtig

Je älter die Kinder werden, desto mehr suchen sie gleichaltrige und auch gleichgeschlechtliche Partner. Vor allem die Schulkinder haben andere, eigene Interessen, die sie mit Gleichaltrigen ausleben möchten. Sie schaffen sich ihr eigenes Bezugsfeld. Das unterstützt die Entwicklung ihrer Selbstständigkeit, was nicht heißt, dass sie die Erwachsenen gar nicht mehr brauchen.

Das Lebensalter spielt bei den Beziehungen und Kontakten der Kinder in altersgemischten Gruppen eine wesentliche Rolle. Je älter sie sind, desto eher schließen sie mit gleichaltrigen und gleichgeschlechtlichen Kindern ihre intensiven Kontakte. Darauf ist unbedingt zu achten, damit für alle Kinder die Möglichkeit geschaffen wird, sich Spielkameraden zu suchen, die ihnen nach Alter und Geschlecht gleich sind (vgl. Thiersch/Maier-Aichen 1994).

Freundschaften werden eher mit Gleichaltrigen geschlossen

Erkunden

Unterschiedliche Beziehungsstrukturen ermöglichen

Altersmischung allein ist kein pädagogisches Allheilmittel

Allein das Zusammenleben verschiedenaltriger Kinder in einer Gruppe löst die pädagogisch relevanten Fragen und Probleme noch nicht. Ob Altersmischung ihre Wirkungen entfalten kann, hängt wesentlich davon ab, ob eine Struktur gefunden wird, die den entwicklungsbedingten unterschiedlichen Bedürfnissen und Ansprüchen der Kinder Raum gibt und dabei zugleich genügend Anregungen für gemeinsame Erfahrungen bietet (vgl. Peukert 1995).

Will man die entwicklungspsychologischen Erkenntnisse pädagogisch umsetzen, sollte der organisatorische Rahmen in der Kita deshalb Bezugsformen zwischen gleichaltrigen und verschiedenaltrigen Kindern ermöglichen. Das Leben und Lernen in sogenannten Stammgruppen und gruppenübergreifende Aktivitäten werden zu wichtigen Elementen im Tagesablauf.

Die traditionellen Gruppenstrukturen müssen dafür aufgelöst werden, die Gruppen müssen sich öffnen und gruppenübergreifendes Arbeiten zulassen (vgl. z. B. DJI 1993).

Einige wesentliche Erkenntnisse und Erfahrungen werden hier zusammengefasst dargestellt:

Beziehungen in der altersgemischten Stammgruppe

Die Stammgruppe bietet den Kindern

Unterschiedliche Beziehungsstrukturen ermöglichen

vor allem ein Übungs- und Lernfeld für die Gestaltung ihrer altersfernen Beziehungen. Hier findet das alltägliche Leben wie Essen, Einkaufen, Schlafengehen, Waschen, Toilette aufsuchen statt. Entsprechend ihren entwicklungsgemäßen Voraussetzungen sind alle dabei beteiligt.

Die Kleinen müssen lernen, sich zurechtzufinden, und Fähigkeiten für selbstständiges Handeln erwerben. Die Älteren übernehmen Verantwortung für die Organisation, kümmern sich selbstständig um die Dinge des alltäglichen Lebens und helfen den Jüngeren zurechtzukommen. Dabei ist zu beachten, dass die Kinder gemäß ihrer Entwicklung mehr und mehr in alle Entscheidungen einbezogen werden, die ihren Alltag bestimmen. Also nicht nur „für" die Kinder, sondern „mit" ihnen denken, planen und organisieren.

Auf diesem Weg entstehen vertraute Beziehungen, die Kinder lernen sich gut kennen und entwickeln gemeinsame Gewohnheiten.

Damit die Stammgruppe zu einer zuverlässigen, emotional vertrauten Gemeinschaft wird, muss der Zusammenhalt in der Gruppe bewusst gestaltet werden.

Rituale wie zum Beispiel das gemeinsame Frühstück bieten eine gute Gelegenheit, mit den Kindern über wichtige Ereignisse, individuelle Erlebnisse oder gemeinsame Vorhaben zu sprechen.

„Morgenkreise" haben sich in Gesprächsrunden, Kinderkonferenzen oder Quasselrunden gewandelt. Auch Ereignisse, die Betroffenheit, Trauer oder Wut auslösen, finden ihren Platz in der Stammgruppe. Geburtstage werden gemeinsam vorbereitet und gefeiert, andere Höhepunkte und Feiern verabredet, auf die sich alle freuen und allen Spaß machen.

Immer wieder wird es Situationen geben, die für alle Kinder – die Kleinen und die Großen – wichtig und bedeutsam sind. Das vereint die verschiedenaltrigen Kinder und lässt vertraute Beziehungen wachsen.

Über den Alltag hinaus kann es noch weitere Vorhaben oder Projekte in der Stammgruppe geben, an denen die Kinder verschiedenen Alters beteiligt sind und in denen sie sich mit ihrem unterschiedlichen Wissen und Können, ihren unterschiedlichen Ausdrucksmitteln einbringen können. Die Themen, die für Kinder unterschiedlichen Alters bedeutsam und interessant sind, könnten zum Beispiel heißen: „Markus' Mutti bekommt ein Baby", „Wir haben einen Hamster", „Wir legen einen Teich an", „Der Zirkus kommt". In diesem Forum kann jedes Kind auf seine jeweils spezifische Aneignungsweise das Leben erforschen und die Welt entdecken.

Daneben muss natürlich auch genügend Raum und Zeit sein, wo die Kinder sich individuell, je nach Bedürfnis und Interesse, in kleinen Gruppen zusammenfinden können, gemeinsame Vorhaben planen und ungestört verwirklichen können. Die Raumgestaltung ist dabei maßgeblich beteiligt. Sie sollte Spiel und Tätigsein in Kleingruppen, individu-

Interessante Vorhaben einen Kleine und Große

Erkunden

elles Spiel und gemeinsame Aktivitäten möglich machen. Der Gruppenraum als solcher ist sehr wichtig für die Kinder. Ihm können sie ihr individuelles Gepräge geben. Das ist der Ort für Rückzug und Geborgenheit. Von hier aus können die Kinder andere Räume, die ganze Einrichtung erkunden. (Siehe auch den Band: Wie sieht's denn hier aus? Ein Konzept verändert Räume, in dieser Praxisreihe.)

Gruppen öffnen sich

Der Lebens- und Erfahrungsraum der Kinder erweitert sich

Durch das Öffnen der Gruppen wird den Kindern mehr Raum geboten, ihren Interessen nachzugehen. Ihr Lebens- und Erfahrungsraum erweitert sich. Das erleichtert auch, Kontakte zu anderen Kindern und Erwachsenen herzustellen, sich mit Gleichaltrigen im Haus zu gemeinsam interessierenden Tätigkeiten zu treffen.
Das Spektrum der Tätigkeitsmöglichkeiten und Lernanreize verbreitert sich erheblich, die Kinder erhalten mehr Bewegungs- und Spielräume innerhalb des Hauses, die sie selbstständig nutzen können. (Vgl. DJI 1993)
Die Öffnung der Gruppen kann sich zunächst durch offen stehende Gruppenraumtüren, zeitlich begrenzte Besuche in anderen Gruppen, über die Zusammenarbeit von zwei benachbarten Kindergruppen, gemeinsames Spiel im Garten bis zu gruppenübergreifenden Angeboten und Projekten, auch zeitweilig gebildete Neigungsgruppen vollziehen. Viele Kitas haben mittlerweile Bewegungsräume, Kreativ- und Werkräume, Kinderküchen oder Spielzimmer eingerichtet. Einige Kitas, die altersgemischt arbeiten, haben die Öffnung nach innen so weit gehen lassen, dass sie selbst die Stammgruppen aufgelöst haben. Allen Kindern steht nun das ganze Haus als Lebens- und Erfahrungsraum zur Verfügung, die Gruppenräume wurden in Spiel- und Aktionsräume umfunktioniert. Die Kinder können ihre Aktivitäten selbst bestimmen, ihre Spielfreunde und auch ihre Bezugspersonen unter den Erzieherinnen frei wählen. Die Erzieherinnen machen offene Angebote, an denen die Kinder entsprechend ihren Neigungen und Interessen teilnehmen können. Das Gruppenprinzip wird aufgelöst und neue Strukturen entwickelt, die den Kindern auf andere Art und Weise Orientierung und Sicherheit geben. (Vgl. DJI 1994)
Natürlich muss man bei einer Öffnung die Größe der Einrichtung und die jeweiligen Gegebenheiten berücksichtigen. So sind in kleinen Kitas mit 25 oder auch 50 Kindern andere Möglichkeiten gegeben als in Einrichtungen mit 180 bis 240 Kindern.

Eine Teamfortbildung zum Thema „Öffnung"

In der Absicht, die starren Gruppenstrukturen zu öffnen, die Arbeit in der Kita insgesamt offener zu gestalten, setzten sich Erzieherinnen in einer Teamfortbildung mit dem

Unterschiedliche Beziehungsstrukturen ermöglichen

Thema „Öffnung nach innen" auseinander.
Ihre Diskussion rankte sich um folgende Fragen:
- Was wird eigentlich unter dem Begriff „Öffnung" in Kitas verstanden?
- Was soll Öffnung bringen, was soll sich durch Öffnung bei uns verändern?
- Wie und wohin wollen wir uns öffnen?
- Womit wollen wir beginnen?
- An welchen Zielen soll sich die Zusammenarbeit orientieren?
- Welche Regeln und Normen sollen im Haus gelten?
- Welche organisatorischen Absprachen sind erforderlich?

- Öffnung ja! – Wie beginnen?
- Früh- und Spätdienst räumlich öffnen,
- Gruppenraumtüren öffnen, gegenseitige Besuche der Kinder ermöglichen,
- den Mittwoch als „offenen Tag" mit gruppenübergreifenden Angeboten gestalten,
- Flure, Garderoben, Nebenräume als offene Funktionsräume einrichten,
- Mittagsschlaf flexibler und offener organisieren,
- bei allem eng mit den Eltern zusammenarbeiten.

Die ersten Schritte auf einem neuen Weg waren getan.

Öffnung setzt die gedankliche Öffnung voraus

Hier einige Ergebnisse ihrer Beratung.

- Der Begriff „Öffnung" setzt vor allem die eigene gedankliche Offenheit voraus:
  - Offenheit für neue Erfahrungen und Konzeptionen,
  - Offenheit gegenüber den Bedürfnissen von Kindern,
  - Offenheit gegenüber den Kolleginnen,
  - Bereitschaft, die eigene Arbeit offen zu legen und transparent zu machen, Bereitschaft zur Zusammenarbeit.
- Öffnung heißt, sich über die eigene Gruppe hinaus für alle Kinder der Kita verantwortlich zu fühlen; Vorhaben und Projekte in der Gruppe für alle interessierten Kinder zu öffnen.
- Öffnung der Gruppen verlangt konzeptionelle Zusammenarbeit aller Erzieherinnen.

Erkunden

Erzieherinnen vor neuen Herausforderungen

Als Erzieherin in altersgemischten Gruppen zu arbeiten bedeutet, sich großen Herausforderungen zu stellen. Sie muss die unterschiedlichen Bedürfnisse und Interessen der verschiedenaltrigen Kinder gut kennen und bei der Gestaltung des Lebens in der Gruppe berücksichtigen. Mehr noch, es geht gerade darum, dieses besondere Entwicklungspotential zur Wirkung zu bringen. Das verlangt Einfühlungsvermögen und gute Beobachtungsfähigkeiten.

Konkrete Fragen helfen bei der Reflexion der Beziehungsstrukturen

Bei der Beobachtung und Analyse der Situation der Kinder könnten zum Beispiel folgende Fragen hilfreich sein:
- Inwieweit können die Kinder der verschiedenen Altersstufen ihre unterschiedlichen Lebensbedürfnisse (Essen, Schlafen, Ruhe, Bewegung) befriedigen?
- Wie entwickelt sich die Selbstständigkeit der jüngeren und älteren Kinder bei der Bewältigung alltäglicher Lebensanforderungen?
- Wie sind die Kinder – große und kleine – an der Mitbestimmung ihres Alltages beteiligt? In welcher Weise bringen jüngere und ältere Kinder Ideen und Wünsche in das Gruppenleben ein?
- Welchen Einfluss hat das Zusammenleben auf die emotionalen Beziehungen zwischen jüngeren und älteren Kindern?
- In welchen Situationen und in welcher Weise übernehmen Kinder Verantwortung für andere? Inwieweit grenzen sie sich gegen unerwünschte Kontakte bzw. Forderungen ab?
- Inwieweit können die Kinder ihren individuellen Bedürfnissen und aktuellen Interessen entsprechend tätig sein? Was und wie lernen Kinder voneinander?
- In welchen Situationen und bei welchen Tätigkeiten bevorzugen Kinder altersgleiche Kontakte? Können sie sich ungestört zusammenfinden? Welche besonderen Interessen und Bedürfnisse entwickeln sich bei den Schulkindern?

Eine Reflexion der Beziehungsstrukturen – vielleicht gemeinsam mit der Kollegin – kann helfen, die pädagogische Arbeit gezielter und durchdachter zu gestalten.

Erziehungsvorstellungen überdenken

Bei diesen Überlegungen sollten eigene traditionelle Erziehungsvorstellungen, die Rolle als Erzieherin und ihre Aufgaben überdacht werden. In altersgemischten Gruppen lernen die Kinder viel voneinander, die Erzieherin rückt etwas in den Hintergrund – das muss sie akzeptieren lernen. Die Kinder bilden ihr eigenes soziales Bezugs- und Lernfeld. Erzieherinnen sollten darauf vertrauen und sich in ihrer Rolle als Organisatorin oder Vermittlerin zurücknehmen, sich bemühen, die Kinder „loszulassen".

Erzieherinnen vor neuen Herausforderungen

Das kann ungemein entlasten, heißt aber keinesfalls, dass die Kinder die Erzieherin nicht brauchen. Als helfende, unterstützende und begleitende Pädagogin wird sie nicht überflüssig, nur die Schwerpunkte des pädagogischen Handelns verlagern sich. Weg von vorbereiteten und geplanten Angeboten für alle Kinder einer Gruppe, hin zur Schaffung von ausreichenden Bedingungen, wo vielseitiges, selbst organisiertes Tätigsein möglich wird. Die Erzieherin wird die Kinder nicht sich selbst überlassen, sondern ihnen helfen, ihre Beziehungen zu strukturieren, sie wird gemeinsam mit ihnen Regeln des Zusammenlebens aufstellen oder sie bei der Lösung von Konflikten unterstützen.

Um es noch einmal zu betonen: Bei aller Öffnung kommt es darauf an, auch die individuelle Entwicklung des einzelnen Kindes, seine Fähigkeiten, seine Entwicklungschancen im Blick zu behalten. Gerade weil die Kinder so unterschiedlichen Alters sind, kann die Erzieherin ihre individuellen Besonderheiten bewusster wahrnehmen.

Die Beziehungen zwischen Erzieherin und Kindern gehen in dieser Gruppenform über Jahre hinweg. Die Erzieherin kann darum jedes Kind gut kennen lernen und individuelle entwicklungsfördernde Bedingungen schaffen.

Die Erzieherin wird nicht überflüssig – ihre Schwerpunkte verlagern sich

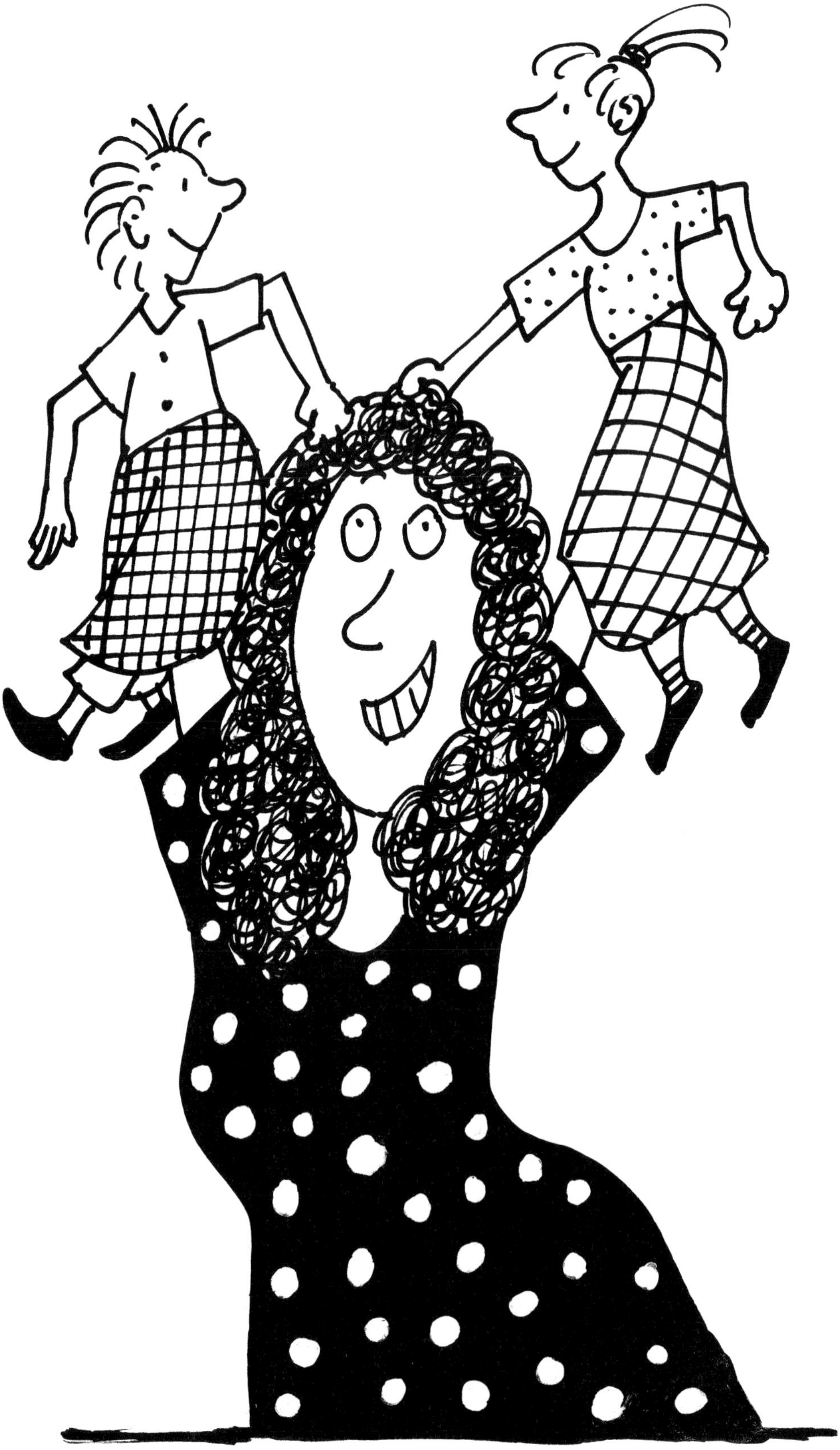

2. Entscheiden – Ziele festlegen

Pädagogisches Handeln ist ohne Erziehungsziele undenkbar, will es nicht in bloße Geschäftigkeit und Beliebigkeit verfallen.

Der Situationsansatz will mit seinen Erziehungszielen Kindern Möglichkeiten und Voraussetzungen schaffen, bei denen sie Erfahrungen und Qualifikationen erwerben können, die ihnen helfen, ihr Leben zunehmend selbstbestimmt, sozial verantwortlich und kompetent zu gestalten.

Antworten werden gegeben auf weiterführende Fragen:
• Welche besonderen Möglichkeiten bietet das Zusammenleben von jüngeren und älteren Kindern für die Umsetzung dieser Ziele?
• Welche Grunderfahrungen des Handelns sollen sich Kinder in altersgemischten Gruppen aneignen können? Was sollen sie lernen können?
• Inwieweit können auch Erzieherinnen ihre berufliche Kompetenz erweitern?

Zugleich werden Tipps und Anregungen gegeben, wie gemeinsam mit den Eltern Ziele für die pädagogische Arbeit in der Kita erarbeitet werden können.

Entscheiden

Altersgemischte Gruppen – ein Merkmal des Situationsansatzes

Strukturelle Veränderungen werden mit inhaltlich-konzeptionellen Vorstellungen verknüpft

Die Analyse der konkreten Lebenssituation der Kinder in der Kita und die Auseinandersetzung mit der Fachliteratur bilden eine wesentliche Grundlage für die Weiterentwicklung der pädagogischen Arbeit.
Doch die geplanten strukturellen Veränderungen – die Bildung altersgemischter Gruppen und die Öffnung nach innen – sollen nicht nur als „modernes" Organisationsprinzip angewandt, sondern mit den Zielen und Prinzipien des Situationsansatzes verbunden werden.
Grundlegendes Ziel ist, die Kinder zu unterstützen, ihr Leben zunehmend selbstbestimmt, kompetent und solidarisch zu gestalten.

Ein Merkmal des Situationsansatzes ist die Arbeit in altersgemischten Gruppen. Hier lässt sich das oben genannte Ziel am besten verwirklichen (vgl. Haberkorn 1994). Die Kinder können gerade im Zusammenleben mit Kindern verschiedener Altersstufen in natürlichen Lebenszusammenhängen, in realen Situationen verantwortliches und folgenreiches Handeln lernen, wobei auch ihr Wissen, ihre Fähigkeiten und Fertigkeiten auf vielfältige Weise herausgefordert werden. (Vgl. hierzu auch: Was ist anders in altersgemischten Gruppen?, S. 18-19)
In der Absicht, diese Entwicklungschancen zu nutzen, wollten die Erzieherinnen ihre Kita zu einem Ort eigenständigen Zusammenlebens von großen und kleinen Kindern entwickeln. Zu einem Ort, an dem sich Kinder verschiedenen Alters angenommen fühlen, an dem sie ihre spezifischen Bedürfnisse nach sozialen Kontakten zu anderen Kindern und auch zu Erwachsenen, nach Freundschaft und Nähe, nach gemeinsamem Spiel und Spaß und spannenden Unternehmungen befriedigen können, an dem sie Zuwendung und Geborgenheit erfahren und Gerechtigkeit erleben.
Mit der Analyse des Lebens der Kinder in der Kita und in den Familien wollten sie außerdem bedeutsame Situationen im Leben der verschiedenaltrigen Kinder aufspüren. Diese „Schlüsselsituationen" sollten zum Gegenstand des Handelns und Lernens gemacht werden. Wichtig war dabei sowohl der Bezug zur Erfahrungswelt der jüngeren und älteren Kinder als auch die Berücksichtigung ihrer unterschiedlichen Art und Weise, sich mit der Welt auseinander zu setzen.
Gerade darin, dass die Kinder ihre unterschiedlichen Sichtweisen, Erfahrungen, Fähigkeiten und Fertigkeiten in das gemeinsame Handeln einbringen, liegen die besonderen Entwicklungsmöglichkeiten in altersgemischten Gruppen.
Das alltägliche Leben, gemeinsame Vorhaben und Projekte geben ihnen Gelegenheit, sich mit ihren spezifi-

Altersgemischte Gruppen – ein Merkmal des Situationsansatzes

schen Fähigkeiten zu beteiligen und ihre Kompetenzen, ihr Wissen und Können auf vielfältige Weise zu bereichern. All das macht das Leben in der altersgemischten Gruppe so reich und bunt.

Eltern können Geschwisterkinder in eine Kindereinrichtung oder sogar in eine Gruppe bringen. Durch die lange Verweildauer der Kinder bei einer Erzieherin können sich die Kontakte zwischen Eltern und Erzieherin festigen und die Bereitschaft zur Mitarbeit der Eltern fördern. Die Identifikation mit der Kita wird leichter möglich.

Als Elternarbeit versteht sich in diesem pädagogischen Konzept, dass die Eltern in die Diskussion über Ziele und die methodische Gestaltung der Arbeit einbezogen werden. Sie sollen vor allem spüren, dass ihre Überlegungen gebraucht und ernst genommen werden.

Eltern, aber auch Geschwister und Großeltern werden angesprochen, mit ihren spezifischen Kenntnissen, Fähigkeiten und Möglichkeiten die Vorhaben und Aktivitäten der Kinder zu unterstützen. So wird die Kita zu einem Ort generationsübergreifenden Zusammenlebens.

Kontinuierliche Beziehungen zu den Eltern aufbauen

Entscheiden

Was Große und Kleine lernen und erfahren sollen

Wie Erzieherinnen und Eltern zu gemeinsamen Zielvorstellungen kommen können

Zu Beginn der geplanten organisatorischen Veränderungen in der Kita entwickelten die Erzieherinnen Fragen:
- „Was wollen wir in unserer Kita mit der Bildung altersgemischter Gruppen bewirken?"
- „In welche Richtung soll die Entwicklung der Kinder angeregt und unterstützt werden?"
- „Was ist mir persönlich in der Erziehung wichtig?"
- „Welche Zielvorstellungen haben Eltern für die Erziehung ihrer Kinder?"

Erzieherinnen erarbeiten Erziehungsziele

Folgende Methode hat sich bei Fortbildungen sehr bewährt: Jede Erzieherin erhält drei Karten, auf die sie jeweils ein bedeutsames Erziehungsziel notiert.
Diese Karten werden nach inhaltlichen Gesichtspunkten gruppiert und übergreifende Kategorien gebildet, die zum Beispiel lauten können:
- Selbstwertgefühl und Autonomie stärken,
- soziales Handeln entfalten,
- kommunikative Fähigkeiten fördern,
- sachliche Kompetenzen erweitern,
- Ausdrucksmöglichkeiten bereichern.

Anschließend wird geprüft:
- Ob jede Erzieherin ihre Ziele in den zusammengefassten Kategorien wieder findet.
- Inwieweit die erarbeiteten Ziele mit dem übereinstimmen, was Kinder zur Bewältigung ihres gegenwärtigen und zukünftigen Lebens in dieser Gesellschaft – auch als „Risikogesellschaft" bezeichnet – brauchen.

Eltern entscheiden mit

Ein ähnliches Vorgehen wurde mit den Eltern in einer Elternversammlung praktiziert. Die Eltern ließen sich gern auf ein solches Gespräch

Was Große und Kleine lernen und erfahren sollen

ein, da sie bei Wahrung der unterschiedlichen Verantwortlichkeiten Gemeinsamkeit in den Zielen der Erziehung ihrer Kinder anstreben.
In dieser konkreten Situation bewiesen Eltern und Erzieherinnen eine weit gehende Übereinstimmung ihrer Erziehungsziele: Den Eltern war wichtig, dass ihre Kinder selbstständig werden, Hilfsbereitschaft und Toleranz ihr soziales Verhalten bestimmen, sich ihre sprachlich-geistigen Fähigkeiten entwickeln sowie ihre Kreativität und Fantasie sich ausprägen.
In einem Punkt unterschieden sich die Erziehungsziele vieler Eltern von denen der Erzieherinnen: Sie erwarteten eine gesonderte, spezielle Vorbereitung ihrer Kinder auf die Schule. (Siehe auch den Band: Was heißt hier schulfähig? Übergang in Schule und Hort, in dieser Praxisreihe.)
Die Kinder sollten lernen – und das möglichst in unterrichtsähnlichen Lernangeboten (ehemals Beschäftigungen) – eine Aufgabenstellung anzunehmen und in einer bestimmten Zeit zu lösen, selbst wenn sie mal keine Lust dazu hätten. Sie sollten still sitzen lernen und anderen zuzuhören. Zudem sollte Sachwissen aus den verschiedenen Bereichen der gesellschaftlichen und natürlichen Umwelt vermittelt werden, vor allem elementare mathematische Grundlagen wie Zählen, Zuordnung von Mengen u. a.
Doch nicht bei allen Eltern stand die

Eltern erwarten eine gezielte Schulvorbereitung

Entscheiden

Grundfähigkeiten, die Kinder erwerben sollen: Selbstvertrauen, Ausdrucksfähigkeit und Gemeinschaftsfähigkeit

Schulvorbereitung an erster Stelle. Ihnen ging es um die Förderung anderer Persönlichkeitsbereiche, die – ebenfalls oder anders – bedeutsam für die Bewältigung der Schulanforderungen sind: Selbstvertrauen, Ausdrucksfähigkeit oder Gemeinschaftsfähigkeit.

Was sollen Kinder lernen können?

Welche Grundfähigkeiten sollen sowohl die jüngeren als auch älteren Kinder erlernen, damit ihr Selbstvertrauen gestärkt wird, sie in ihrem Lebensumfeld selbstständig und solidarisch handeln und sich dabei notwendiges Wissen aneignen können? Eltern und Erzieherinnen waren folgende Ziele für die Entwicklung ihrer Kinder bei der Altersmischung besonders wichtig:

- sich der eigenen Bedürfnisse und Ansprüchen bewusst werden (wissen, was man will und was nicht), sie anderen mitteilen, eigene Wünsche und Bedürfnisse angemessen zum Ausdruck bringen,
- Erwartungen und Bedürfnisse anderer (der jüngeren und älteren Kinder, auch Erwachsener) wahrnehmen, anderen zuhören, sich einfühlen können,
- aushalten, akzeptieren, dass es unterschiedliche Erwartungen, Meinungen und Wünsche gibt (Toleranz

Was Große und Kleine lernen und erfahren sollen

entwickeln), aushalten, dass der eigene Wunsch nicht immer durchgesetzt werden kann (Konfliktfähigkeit),
• sich über die unterschiedlichen Erwartungen verständigen, Kompromisse aushandeln, Regeln und Normen des Zusammenlebens vereinbaren und in bestimmten Situationen flexibel anwenden,
• Verantwortung für sich und andere übernehmen, Hilfe suchen, annehmen und geben,
• sich Fähigkeiten, Fertigkeiten und Kenntnisse zur Bewältigung der verschiedensten Situationen des alltäglichen Lebens sowie zur Erweiterung des Weltverständnisses aneignen,
• die Sinne, die Spielfähigkeit, Kreativität und Fantasie ausprägen.
• Ältere Kinder sollten sich ihres Erfahrungs- und Entwicklungsvorsprungs bewusst sein, bereit und fähig sein, ihr Wissen und ihre Fähigkeiten an die jüngeren weiterzugeben.

Diese Grundfähigkeiten des sozialen Handelns (vgl. Krappmann 1975) brauchen sowohl jüngere als auch ältere Kinder, wollen sie ihre Beziehungen zu anderen zunehmend eigenständig gestalten. Sie bilden sich selbstverständlich erst allmählich entsprechend der jeweiligen Entwicklungsstufe des Kindes sowie in der konkreten Situation auch jeweils anders heraus.

Diese Ziele wollten die Erzieherinnen nicht nur in ausgewählten Projekten umsetzen, sondern vielmehr in den verschiedensten Situationen des alltäglichen Handelns innerhalb und außerhalb der Kita. Zum Beispiel:
• Wie wird im alltäglichen Leben individuellen Bedürfnissen entsprochen?
• Welche Möglichkeiten gibt es, die verschiedenaltrigen Kinder zu beteiligen und ihre Kompetenzen zu erweitern?

Ziele differenziert im Alltag der Kinder realisieren

Entscheiden

Erzieherinnen sammeln neue Erfahrungen

Erzieherinnen denken über sich nach

Ein pädagogisches Verständnis, das den Kindern Selbstbestimmung und Autonomie zuspricht, verlangt, das eigene Handeln, die eigene Rolle zu überdenken, frühere Erfahrungen infrage zu stellen.

Die eigene Rolle reflektieren

Gespräche im Team über die persönlichen Empfindungen, ihr Bild vom Kind, die veränderten Erwartungen an ihr pädagogisches Handeln, ihre Konflikte und Zweifel halfen, Unsicherheiten zu überwinden. Erzieherinnen, die es gewohnt waren, die „führende Rolle" in der Gruppe wahrzunehmen, überprüften, wie sie den Kindern mehr Eigenaktivität zugestehen können. Es gilt, die eigene Rolle als Mitlernende, als unterstützende Partnerin, als die Kinder in ihrer Entwicklung begleitende Person zu füllen; sich als „Lehrende" mehr zurückzunehmen und den Kindern bei ihren selbst gewählten Aktivitäten mit Rat und Tat zur Seite zu stehen.

Es ging darum, eine richtige Balance zwischen der Fürsorge und Verantwortung für die Kinder und dem selbstständigen Gruppenleben zu finden.

Zusammenarbeit im Team enger gestalten

Konzeptionelle Erziehungsziele und neue Organisationsstrukturen verlangen nach enger Zusammenarbeit im Team und erfordern eine gute Kooperationsfähigkeit der Erzieherinnen.

Zuverlässige Absprachen, gegenseitige Informationen, Verständigung über die Aufgabenverteilung, Offenheit und Vertrauen sind Voraussetzungen für gute Beziehungen und ein gutes Arbeitsklima. Konflikte sollten nicht ausgeklammert, sondern konstruktiv miteinander gelöst werden.

Hierfür müssen zeitliche und räumliche Bedingungen geschaffen werden. Die gelernten Krippenerzieherinnen, Kindergärtnerinnen und Horterzieherinnen können sich mit ihren spezifischen Kompetenzen und Erfahrungen gegenseitig unterstützen, mit den Ansprüchen und Bedürfnissen der verschiedenaltrigen Kinder zurechtzukommen. Gute Voraussetzungen sind

Erzieherinnen sammeln neue Erfahrungen

gegeben, wenn Erzieherinnen in einem „Zweierteam" in einer Gruppe zusammenarbeiten.

Neues erproben

Die Erzieherinnen hatten im ersten Schritt des Situationsansatzes, der Analyse, einige Probleme ihres pädagogischen Alltags herausgearbeitet, denen sie sich zeitweise intensiver zuwenden wollten:
- Wie kann der Tagesablauf organisiert werden, damit Kinder ihre individuellen Lebensbedürfnisse befriedigen können, Über- und Unterforderung vermieden werden?
- Wie müssen die Räume gestaltet werden, damit sie ein differenziertes eigenständiges Tätigsein der Kinder verschiedener Altersstufen ermöglichen? Inwieweit können die Kinder aller Altersstufen die Räume mitgestalten?
- Welche Rituale helfen, bei den Kindern das Gefühl der Zusammengehörigkeit, Geborgenheit zu entwickeln und ihnen Orientierung zu geben?
- In welcher Weise können Beteiligung und Mitbestimmung der Kinder unterschiedlichen Alters am alltäglichen Leben ermöglicht werden?
- Wie können Projekte mit Kindern verschiedenen Alters durchgeführt werden (gemeinsam, differenziert, übergreifend), damit Kinder ihre unterschiedlichen Kenntnisse und Erfahrungen einbringen können und ihre individuelle Entwicklung gefördert wird?
- In welcher Weise kann den besonderen Bedürfnissen und Bedingungen der Schulanfänger und den Erwartungen der Eltern an eine gute Schulvorbereitung Rechnung getragen werden?
- Wie ist die Zusammenarbeit im Team zu gestalten, damit die notwendige Gemeinsamkeit in den Zielen, Normen und Vorgehensweisen erreicht wird?

Tagesgestaltung, Räume, Rituale, Mitbestimmung, Projekte, all das wollen die Erzieherinnen sich vornehmen

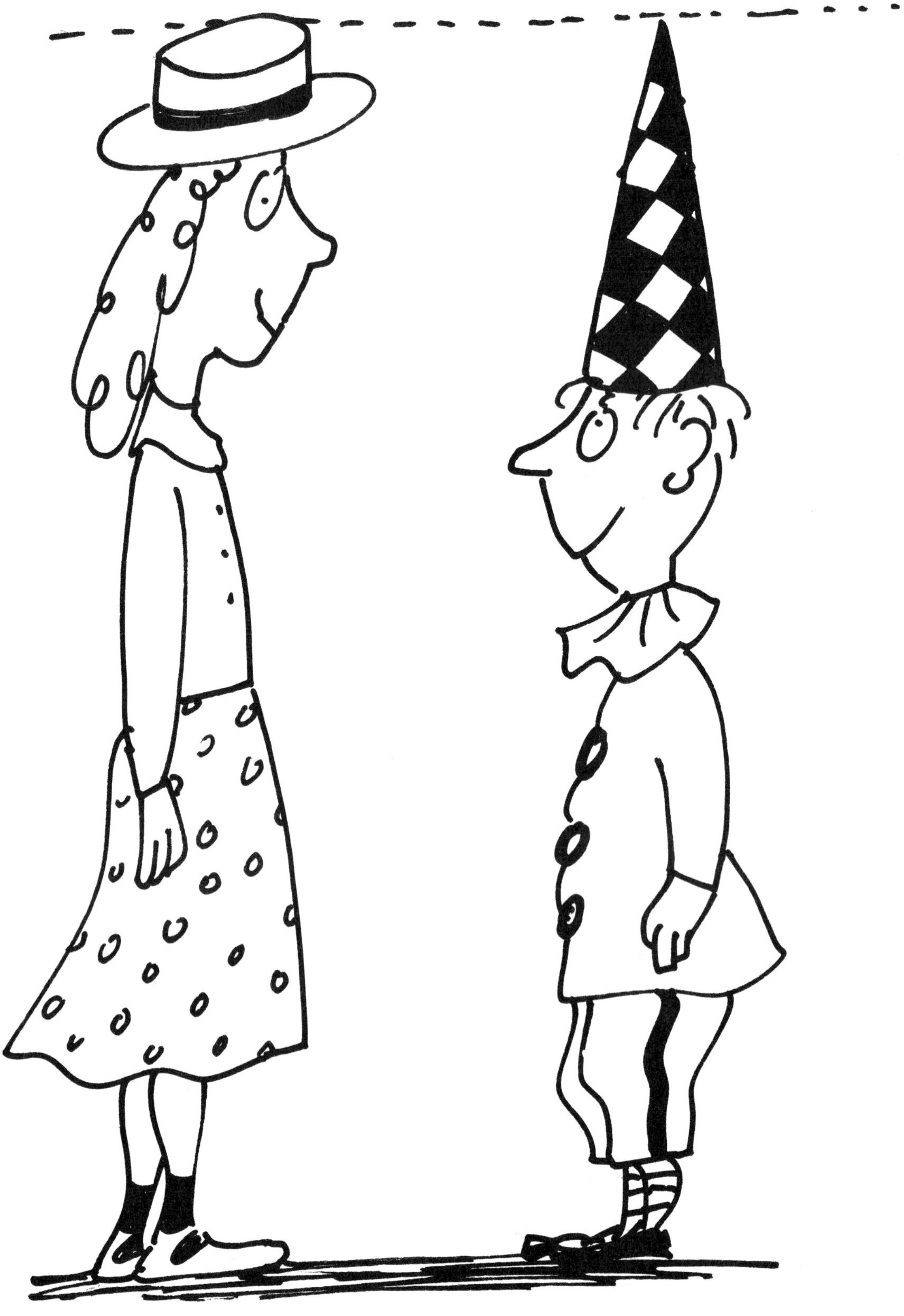

3. Handeln – Situationen gestalten

Erzieherinnen beschreiben in ausgewählten Praxisbeispielen, wie sie in ihrem pädagogischen Alltag Kleinen und Großen ermöglichen,

- ihre individuellen Bedürfnisse zu befriedigen und ihre unterschiedlichen und gemeinsamen Interessen zu realisieren,
- sich Erfahrungsfelder innerhalb und außerhalb der Kita durch eigenaktives Tätigsein zu erschließen, dabei ihr Wissen und Können zu bereichern,
- Normen und Werte des Zusammenlebens in konkreten Situationen zu erleben und anzuwenden,
- ihr Leben selbst mitzubestimmen und aktiv zu gestalten sowie angemessen Verantwortung zu übernehmen.

Die Beispiele und Tipps wollen anregen, das eine oder andere selbst auszuprobieren.

Handeln

Von den Schwierigkeiten des Anfangs

Es war so weit: Mit Beginn des neuen Kitajahres sollten Kinder aus zwei verschiedenen Gruppen in einer altersgemischten Gruppe zusammenleben. In der einen Gruppe waren die „Großen" inzwischen Schulkinder geworden und acht Kinder im Alter von vier bis fünf Jahren blieben zurück. Sieben Kinder aus der Krippe im Alter von zwei bis drei Jahren sollten hinzukommen. Eine große Umstellung für die Kinder. Waren doch die ehemals Jüngeren jetzt die Älteren. Auch auf die Kleinen würde Neues zukommen, in der Krippe mit noch kleineren Kindern wären sie die „Großen".

Erste Kontakte werden aufgenommen – zunächst ist die Freude groß

In Versammlungen und individuellen Gesprächen hatten die Erzieherinnen die Eltern schon sehr langfristig auf diese neue Lebenssituation ihrer Kinder vorbereitet und mit ihnen über die Entwicklungschancen in altersgemischten Gruppen gesprochen.
Die Eltern hatten großes Vertrauen zu den Erzieherinnen. Wichtig war ihnen, dass je eine Erzieherin aus den vorhergehenden Gruppen mit den Kindern mitging und die Kinder damit weiterhin ihre vertraute Bezugsperson behalten würden.
Die Erzieherinnen holten sich Rat und Informationen in anderen Einrichtungen, die die Altersmischung schon praktizierten, lasen in der Fachliteratur und tauschten ihre Erfahrungen aus.
Dennoch hatten sie große Bedenken: Werden die Kleinen noch genug Aufmerksamkeit finden? Wie werden sie mit den Großen zurechtkommen; werden sie diese nicht ständig stören? Wie machen wir es mit den Spaziergängen?

Die Kinder lernen sich kennen

Der erste Schritt war, die Kinder beider Gruppen miteinander bekannt zu machen. Damit sollten sie die Möglichkeit erhalten, erste Kontakte aufzunehmen und sich aneinander zu gewöhnen. Ein Monat vor der Umstellung besuchten die Kleinen die Großen in den zukünftigen Gruppenräumen, sahen sich alles an, fühlten sich besonders von dem Spielzeug angezogen und spielten gleich freudig mit.
Die Großen fanden das „toll" und interessant, zeigten den Kleinen alles, ließen sie mitspielen, schmunzelten verständnisvoll über ihre Sprache, sahen über das ungeschickte Zerstören ihres Turmes großzügig hin-

Von den Schwierigkeiten des Anfangs

weg. „Bleiben die jetzt immer? Das ist ja toll." „Sind die süß!"
Die kurzen Besuche wiederholten sich über eine ganze Woche. Es wurde gemeinsam gefrühstückt und Kasperletheater vorgeführt. Spaß machten den Großen und Kleinen die einfachen Kreisspiele „Häschen in der Grube", „Es kommt ein Bi-Ba-Butzemann". Besonders die Großen hatten viel Vergnügen an diesen „Babyspielen", die sie schon lange nicht mehr gespielt hatten.
Auch die Erzieherinnen lernten sich dabei näher kennen und konnten gegenseitige Vorurteile – Wie werden Krippenerzieherin und Kindergärtnerin zusammenarbeiten? – abbauen. „Das hätten wir nie gedacht, dass wir gleich so gut miteinander auskommen!" Sie besprachen, wie zum Beispiel die Räume umgestaltet werden, welche Regeln und Normen mit den Kindern erarbeitet werden können und wie der Alltag ablaufen sollte.

Aller Anfang ist schwer

Die Vorbereitungen waren abgeschlossen. Am Montag wurde die altersgemischte Gruppe „Mickymäuse" gegründet.
Zunächst lief alles ganz harmonisch. Die Großen spielten weiter mit den Kleinen, ließen sie bei ihren Basteleien mitmachen, sie geduldig zusehen.
Doch schon in den nachfolgenden Tagen beobachteten die Erzieherinnen, dass sich die anfängliche Begeisterung legte. Die älteren Kinder bemühten sich immer weniger um die jüngeren. Immer öfter war zu hören: „Geh hier weg!", „Das kannst du nicht!", „Das ist unser Haus!",

Von der Euphorie zur Realität

Handeln

Erzieherinnen suchen nach neuen Wegen

„Das sind meine Stifte!" Auch bei den Erzieherinnen beklagten sich die Großen: „Mit denen können wir nicht spielen, die machen alles kaputt und kramen alles raus." Die jüngeren Kinder zogen sich zurück und spielten unter sich. Nun hatten sich doch wieder zwei Gruppen gebildet.
Die Erzieherinnen fragten sich ratlos: „Waren unsere Erwartungen zu groß? Es ist doch nur natürlich, dass sich Gleichaltrige zusammenfinden und mit ihren gewohnten Spielpartnern spielen wollen. Die Großen haben eben ihre eigenen Interessen!"
Alle Vorurteile gegenüber einer Altersmischung schienen sich zu bestätigen.
Aber dann hätte man ja nicht die altersgemischte Gruppe zu bilden brauchen? Neue Fragen!

Warum spielen die Kinder nicht zusammen?

Die Erzieherinnen fanden bestätigt, dass allein das organisatorische Zusammensein von jüngeren und älteren Kindern noch lange kein Zusammenleben ausmacht, in dem Kleine und Große sich wohl fühlen, von dem alle in ihrer Entwicklung profitieren können.

Neue Überlegungen

Ein Beratungsgespräch mit der Leiterin der Kita führte zu neuen Überlegungen.
Ein Ergebnis war die Veränderung der Räume. Die Erzieherinnen planten, gemeinsam mit den Kindern die Räume so zu gestalten, dass sowohl die Kleinen als auch die Großen ungestört spielen können. Ans Umräumen der Tische machten sie sich sofort. Sie stellten die nach Altersgruppen getrennten Tische so um, dass sich die Kleinen und Großen bei den Mahlzeiten in ungezwungener Weise untereinander begegneten, zum Beispiel Hilfe geben und annehmen konnten.
Des Weiteren nahmen sich die Erzieherinnen vor, die Kinder intensiver zu beobachten, um herauszufinden, worüber sie sprechen, was sie interessiert, was ihnen wichtig ist, was ihnen Spaß macht. Vielleicht könnte es über gemeinsame Erlebnisse und gemeinsame Vorhaben gelingen, die verschiedenaltrigen Kinder füreinander zu interessieren und mehr Verständnis füreinander zu entwickeln.
Schließlich wollten sie den emotionalen Zusammenhalt in der Gruppe durch die Entwicklung von Traditionen und die gemeinsame Gestaltung von fröhlichen Höhepunkten fördern.
Wie setzten die beiden Erzieherinnen nun diese Überlegungen in der Gruppe um? Dazu einige Beispiele:

Jeder war mal klein

Die Kinder sollen erleben und erfahren können, dass alle Menschen mal klein waren, die Eltern, die Erzieherinnen und sie selbst: Alle wachsen und werden älter. Es ist schön, wenn man klein ist, aber wenn man größer wird, kann man viel mehr selber tun und erleben.
Die älteren Kinder können ihre eigene Entwicklung noch einmal nach-

Von den Schwierigkeiten des Anfangs

empfinden und dadurch mehr Verständnis für die Kleinen aufbringen. Ein gemeinsames Vorhaben nahm seinen Anfang:
Unter dem Thema „Das ist unsere Gruppe Mickymäuse" machten die älteren Kinder mit gruppeneigenem Fotoapparat Fotos von allen Kindern. Natürlich durften auch die Kleinen fotografieren. Die Älteren waren ihnen dabei behilflich. Die Spannung auf die fertigen Bilder war bei allen gleich groß. Beim Betrachten der Bilder stand jedes Kind einmal im Mittelpunkt. „Sieh mal, wie Christoph lacht." „Claudia hat schöne Zöpfe." „Thomas sieht so lustig aus." Gemeinsam wurden die Bilder im Gruppenraum an eine Fotowand angebracht, jedes Kind konnte sein Bild anheften und dabei von sich erzählen.
Hannes Zwischenruf „Ich war auch mal klein, davon habe ich auch viele Fotos", brachte alle auf die Idee, „Bilder von früher" von zu Hause mitzubringen. Die Eltern wurden über dieses Vorhaben durch einen Elternbrief informiert.
Gleichzeitig ermunterten die Erzieherinnen die Kinder, auch mit ihren Eltern über die Fotos zu sprechen, wie es denn damals so als kleines Kind gewesen wäre.
Die Kinder hatten viel Spaß beim Raten, welches Kind zu welchem Foto gehört und den anderen zu erzählen, was sie von den Eltern über

Vom Kleinsein und Großwerden

```
Liebe Eltern,

seit dem 1. August sind wir nun die altersgemischte Gruppe „Mickymäuse".
Die Kinder haben sich schon etwas kennen gelernt und angefreundet.
Wir sind nun eine Gruppe mit großen und kleinen Kindern. Für die Älteren ist es gar
nicht so leicht zu verstehen, dass die Jüngeren noch ganz anders sind, vieles noch
nicht können.
Wir möchten das gegenseitige Kennen- und Verstehenlernen unterstützen. Die Kinder
sollen erleben und erfahren, dass jeder mal klein war, langsam wächst und größer
wird. Die Großen sollen sich daran erinnern können, wie es war, als sie noch klein
waren.
Die Kinder haben vor kurzem von sich untereinander Fotos gemacht. Sie haben Ihnen
sicherlich davon erzählt. Nun wollen wir diese Bilder mit Fotos „von früher, als ich
klein war" vergleichen und darüber erzählen.
Bitte geben Sie Ihrem Kind ein Babyfoto mit, wenn es Sie darum bittet. Vielleicht
haben Sie auch Lust, mit Ihrem Kind darüber zu sprechen: „Wie war es, als ich klein
war?"
Wir denken, es können interessante Tage für die Kinder werden.

Vielen Dank für Ihre Unterstützung

Mit freundlichen Grüßen

Ihre G. Sch. u. H. Sch.
```

Handeln

sich erfahren haben, als sie noch klein waren.

Noch lustiger wurde es, als einige Kinder am nächsten Tag Kinderbilder von ihren Eltern mitbrachten oder die Erzieherinnen Fotos aus ihrer Kinderzeit zeigten.

Immer wieder standen die Kinder zusammen vor der Fotowand und unterhielten sich darüber.

Die fünfjährige Franziska erklärt geduldig der dreijährigen Mona einiges noch einmal, was diese nur begrenzt verstanden hatte, aber wunderbar fand.

Dieses gemeinsame Gruppenthema spiegelte sich in den Spielen der nächsten Tage wider. Die Kinder spielten Familie und „Baby", wobei die jüngeren in diesem Fall gerne in das Spiel einbezogen wurden.

Während des Tages malten sie in kleineren Gruppen Bilder mit den Titeln: „Das bin ich", „Da war ich klein", „Hier füttert mich meine Mutti."

Von den Schwierigkeiten des Anfangs

An- und Ausziehen

Die Erzieherinnen unterhielten sich zeitweise mit den Älteren, warum die Kleinen beim Anziehen noch so viel Zeit und Hilfe brauchen. „Die Hände sind noch so klein und dick. Sie sind noch so wacklig. Sie können noch nicht wissen, wie die Sachen richtig rum sind." Die Erzieherinnen erklärten, dass sie deshalb auf die Hilfe der älteren Kinder angewiesen sind, wenn alle schnell auf den Spielplatz oder in die Stadt wollen.

Und das sind wir

Gemeinsamen Spaß bereitete diese Aktion: Die Kinder legten sich auf große Papierbögen und halfen sich untereinander beim Aufmalen ihrer Körperumrisse. Diese „Kinder" ließen sich lustig und individuell „anziehen" und anschließend ausschneiden. Das beschäftigte alle über mehrere Tage hinweg.
Die älteren Kinder in der Gruppe interessierten sich für die Ergebnisse der jüngeren und unterstützten sie gern, was diese wiederum motivierte weiterzumachen, wenn sie mal die Geduld verloren.
Oft war zu hören: „Komm, ich helfe dir beim Schneiden", „Nimm nicht so viel Farbe, sonst kleckst es", „Den Pinsel musst du flach legen, wenn du den Pullover ausmalen willst", „Die Schleife kannst du so malen."
Das eifrige Treiben hatte alle angesteckt. Bald hatte fast jedes Kind sich selbst in Lebensgröße gemalt: „Das bin ich!" Diese „Kinder" wurden gut sichtbar an den Wänden angebracht.

Gemeinsame Erlebnisse hinterlassen ihre Spuren

In der Ausgestaltung der Räume und in den Beziehungen der Kinder hatten die gemeinsamen Erlebnisse und das gemeinsame Tätigsein ihre ersten „Spuren" hinterlassen. Allmählich entwickelte sich das Interesse und das Verständnis der Kinder füreinander. Immer öfter fanden sich auch Große und Kleine zu gemeinsamen Tätigkeiten zusammen. Es gab aber auch Zeiten, in denen sie sich mit altersgleichen Kindern zusammentaten, insbesondere im Spiel. Das beunruhigte die Erzieherinnen nun nicht mehr. Die Kinder waren im Begriff, „eine Gruppe" zu werden.
Das war der Anfang. In der Zwischenzeit sind die Erzieherinnen weitere Schritte auf dem Weg zur Altersmischung gegangen. Die beiden auf einer Etage liegenden Gruppen haben mittlerweile ihre Türen geöffnet und ein gemeinsames Konzept erarbeitet. Alle Räume, Flure, Garderoben und Nebenräume sind mit Wanddurchbrüchen verbunden und so gestaltet, dass sich die Spiel- und Erfahrungsräume für die großen und kleinen Kinder beider Gruppen beträchtlich erweitert haben.
Dies wird zu neuen Erfahrungen und weiteren Entwicklungen führen.

Gemeinsame Erlebnisse schaffen Beziehungen

Jetzt sind auch die Türen offen

Handeln

Kleine und Große gestalten ihre Räume

Erzieherinnen in verschiedenen Kitas wollten – angeregt durch Fortbildung und Beratung – die Raumkonzeption für ihre altersgemischten Gruppen neu überdenken. (Siehe hierzu auch den Band: Wie sieht's denn hier aus? Ein Konzept verändert Räume, in dieser Praxisreihe.)

Was sollte sich verändern?

Die Räume sollten mit den Kindern gestaltet werden, nicht für sie

Die Kinder sollten die Möglichkeit erhalten, „ihren" Lebensraum nach eigenen Vorstellungen und Wünschen zu gestalten. Dabei sollten sie erfahren können, dass
- die unterschiedlichen Bedürfnisse der Kleinen wie der Großen berücksichtigt werden,
- die Ideen und die Mitarbeit aller gefragt sind,
- man durch eigenes Tätigsein viel verändern kann,
- man aber auch andere um Hilfe und Unterstützung bitten kann,
- man sich von anderen etwas abgucken und sich Anregungen holen kann.

Kinder entwickeln eigene Ideen und Vorschläge

Die Erzieherinnen wollten durch die Umgestaltung der Räume ein vielseitiges individuelles und gemeinsames Tätigsein der jüngeren und älteren Kinder anregen. Die Räume sollten Rückzug und ungestörtes Zusammensein unter Gleichaltrigen ermöglichen. Nicht genutzte Räume wie Garderoben oder Flure sollten so gestaltet werden, dass sie von den Kindern für ihre verschiedenen Spiele und andere Betätigungen genutzt werden können. Vor allem aber war es ihr Anliegen, die Räume mit den Kindern zu gestalten und nicht für sie.

Wie unterschiedlich die Erzieherinnen an dieses Vorhaben herangingen, soll an zwei Beispielen dargestellt werden:

Ein Umzug musste sein

Eine Gruppe mit drei- bis sechsjährigen Kindern musste in nächster Zeit in die Räume der ehemaligen Krippe umziehen. Die Kinder fanden das „ganz doof" und „fies". Ihr Raum wäre viel schöner. Da unten sei doch nur Babykram.
Etwas beruhigten sie sich, als sie davon hörten, dass sie ihre Sachen und Möbel mitnehmen könnten. Wenig Vorstellungen hatten sie darüber, wie sie die neuen Räume einrichten wollten. Auf jeden Fall sollte viel Platz zum Spielen, Basteln, Essen und Schlafen sein.
Die Erzieherin machte den Vorschlag, alles an einem Modell – „wie in einer Puppenstube" – auszuprobieren, alles hin und her zu schieben und zu überlegen. Die Kinder waren begeistert. Die Großen wollten sofort einen Karton von der Köchin holen. Der sollte innen mit Papier beklebt werden als Tapetenersatz. Alle Kinder

Kleine und Große gestalten ihre Räume

Fernsehen wollten die älteren Jungen unbedingt eine Boxecke haben. Sie setzten ihre Vorstellungen in ein geformtes Modell aus Plastilin um. Für die Mahlzeiten sollte die ehemalige Teeküche der Krippe genutzt werden. Hier könnten alle backen und kochen. Durch ihre angeregten und aufgeregten Kinder waren auch die Eltern in die Überlegungen einbezogen und sagten ihre Unterstützung zu.

Auch eine Boxecke für die Jungen soll es geben

nahmen sich vor, kleine Schachteln mitzubringen, aus denen Möbel nachgestaltet werden sollten.
In den nächsten Tagen herrschte geschäftiges Treiben, alle waren einbezogen. Es wurde gemalt, gebastelt, geschnitten, geklebt. Während die Älteren die Möbel „herstellten", konnten die Kleinen sie in die Wohnung stellen, Püppchen hineinlegen und auch schon mal damit spielen. Linda und Gabi – zwei ältere Mädchen – stellten sogar Stühle aus Plastilin her. Ständig wurde hin und her geschoben. Selbst die Hortkinder waren interessiert und mit Rat und Tat zur Stelle. Eine Leseecke sollte es geben, auch eine Bastel- und Puppenecke. Die Kuschelecke musste auch wieder eingerichtet werden. Angeregt durch die Boxkämpfe mit Henry Maske im

Handeln

Kleine und Große gestalten ihre Räume

Der Umzugstag ist da

Endlich war es so weit, am Montag war der Umzugstag. Die Kinder waren alle beim Aufräumen dabei. Viele „Erinnerungen" wurden geweckt durch Basteleien, Spiele, Utensilien, von denen man sich auf gar keinen Fall trennen wollte. Alles wurde sorgsam eingepackt. Auch die Kleinen waren emsig dabei, besonders die sonst so „unauffällige" Melanie. Die Erzieherin nahm sich vor, das bei passender Gelegenheit besonders anzuerkennen.

Als der Hausmeister am Montag dann mit zwei Vätern die Möbel transportierte, wussten die Kinder schon ganz genau, wo alles hingestellt werden sollte. In den kommenden Tagen wurde alles wie geplant eingeräumt und das Ergebnis mit dem „Puppenstubenmodell" verglichen. Die Kinder waren sehr zufrieden. Im Treppenhaus unter der Treppe entstand zusätzlich eine Bude, in der man sich mit Freunden ungestört zurückziehen konnte.

Im Nachhinein stellte sich heraus, dass man in der „Teeküche" auch in Ruhe basteln, malen und Kassetten hören konnte. Schnell wurden die entsprechenden Materialien wieder umgeräumt. Diesen Raum entdeckten die Älteren für ein Zusammensein „unter sich".

Nun noch die Boxecke für die Jungen

Nur die Boxecke fehlte noch. Die Jungen ließen nicht locker. Sie sollte in der Ecke unmittelbar an den Heizkörpern entstehen. Da sich niemand verletzen sollte, dachten die Jungen über eine Verkleidung nach. Verschiedene Möglichkeiten wurden geprüft. Dann entschieden sie sich für dicke Papprollen aus dem Teppichgeschäft. Die wollten sie bunt anmalen und mit Bildern von Sportlern bekleben.

Die Jungen haben sich gleich auf den Weg gemacht und im Teppichgeschäft nachgefragt. Die Väter haben den Transport übernommen, die Rollen auf entsprechende Länge zurechtgesägt und angebracht.

Schon seit langem hatten die Kinder immer wieder den Boxsack und die Boxhandschuhe für Kinder im nahe liegenden Sportgeschäft begehrt. Aber ihr gespartes Gruppengeld reichte immer noch nicht. Die Leiterin ließ sich erweichen und borgte den Rest. Endlich hatten sie das Geld zusammen und konnten die Boxutensilien kaufen. Eine Turnmatte diente als Unterlage für den Boxring. Jetzt war alles fertig, alle waren stolz und zufrieden. Mike brachte noch eine Videokassette vom Boxkampf mit, und gemeinsam wurden Regeln für das Boxen aufgestellt.

Alles war so, wie es sich die Kinder und die Erzieherin vorgestellt hatten. Gleichzeitig gab es schon Vorschläge für weitere Veränderungen …

Die neuen Räume werden in Besitz genommen

Handeln

Neue Erkenntnisse umsetzen, Räume mit Kindern verändern

Kinder verändern ihre Räume

In einer anderen Gruppe ging die Initiative zur Umgestaltung der Räume von der Erzieherin aus. Sie wollte ihre in der Fortbildung zum Thema Altersmischung gewonnenen Kenntnisse umsetzen. Nach den Prinzipien des situationsorientierten Arbeitens fing sie mit der Analyse der Räume an. Dabei stellte sie fest, dass die Kinder kaum Platz für ein differenziertes Tätigsein in kleineren Gruppen hatten, sie sich oftmals gegenseitig störten und dadurch viele unnötige Konflikte entstanden. Nebenräume wurden bisher nicht genutzt. Insgesamt war es dadurch in der Gruppe oft unruhig, Große und Kleine waren überfordert.
Wie anfangen? Wie die Kinder für neue Ideen zur Gestaltung der Räume aufschließen und zur Mitarbeit aktivieren?
Zunächst einmal besuchten die Kinder im Zusammenhang mit der offenen Gruppenarbeit die anderen Räume in der Kita. „Was gefällt euch dort, was möchtet ihr auch haben?" Die Kleinen fanden den „Spiegel und die Sachen zum Verkleiden so schön". Die Jungen wollten „auch so ein Baupodest, wo nicht immer alles umfällt."

Besuch in anderen Kitas

Kinder holen sich Anregungen und sammeln Erfahrungen

Durch verschiedene Kontakte einzelner Kinder zu anderen Kitas wurde die Idee einer Erzieherin freudig aufgenommen, einmal die Kinder einer anderen Kita zu besuchen. Die Erzieherin schrieb im Namen der Kinder einen Brief, der lustig bemalt wurde. Die Antwort ließ nicht lange auf sich warten.
Am Donnerstag war es so weit. Die Besuchskinder wurden durch die Kita geführt und bekamen stolz alle Spielmöglichkeiten vorgeführt. Alle spielten zusammen.
Auf dem Rückweg wurde schon laut und heftig debattiert. Das Holzhaus war schön, und die Kinder hatten dort eine extra Ecke zum Basteln, toll, wieder eine Verkleidungsecke mit einem Spiegel und die vielen kleinen Spielecken. Der Wunsch der Kinder wurde immer stärker: Sie wollten ihre Möbel auch anders hinstellen, den Raum anders gestalten. Die Erzieherin hatte noch einige Bücher zur Raumgestaltung in Kindertagesstätten ausgelegt, die sich die Kinder – Kleine wie Große – interessiert ansahen und Ideen daraus entnahmen.

Kinder entwickeln eigene Ideen

Durch all die Anregungen und Besuche haben die Kinder eigene Vorstellungen entwickelt, wie sie den Gruppenraum, die leer stehenden Nebenräume, die Garderobe und den Flur gestalten könnten.
Die Kinder zeichneten und malten ihre Wünsche auf.
Sie beratschlagten, was man wie machen könnte. Der Hausmeister wurde in die Überlegungen einbezogen. Er versprach, ihnen beim Einbau eines

Kleine und Große gestalten ihre Räume

Liebe Kinder,

wir, die Kinder von der Kita „Am Holzhof" möchten euch gerne mal besuchen.
Gemeinsam mit Frau K. haben wir uns überlegt, in unserem Gruppenraum einiges zu verändern! Wir haben gehört, dass ihr euren Raum schön ausgestaltet habt und dort gerne spielt. Deshalb möchten wir euch mal besuchen und uns bei euch umsehen! Wann können wir kommen? Gebt uns bitte Bescheid.

Die Kinder und Frau K.

Liebe Kinder!

Vielen Dank für euren Brief. Wir haben uns sehr darüber gefreut, denn wir haben noch nie einen Brief von einem anderen Kindergarten bekommen. Bitte entschuldigt, dass wir so lange mit der Antwort gewartet haben. Wir hatten keine Zeit, weil bei uns so viel los ist. Wenn ihr kommt, erzählen wir euch alles. Auf euren Besuch freuen wir uns schon. Ihr könnt am Donnerstag, den 8.6., zu uns kommen. Wir erwarten euch.

Es grüßen euch die Kinder der Gruppe V und Frau B.

Spielhauses zu helfen. Natürlich half er auch, die Möbel und Regale so aufzustellen, dass kleine Nischen und Spielecken entstanden, die die Kinder entsprechend ihren Vorschlägen und Wünschen gestalten konnten.
Damit die Kleinen ungestört bauen und mit Autos fahren konnten, wurde eine Bau- und Autoecke in der Garderobe eingerichtet. Allmählich veränderten sich die Räume. Die Kinder „verkrümelten" sich oft zu zweit oder zu dritt in die verschiedenen Nischen. Dadurch wurde die Atmosphäre wesentlich entspannter. Es gab genügend Platz für gemeinsames Spiel aller Kinder. Wichtig waren die Korkplatten an der Wand. Große und Kleine konnten an ihnen Basteleien, Bilder und andere Dinge anbringen, sich darüber freuen, sie anderen zeigen und sich darüber unterhalten.
Beim Nachdenken über ihre Arbeit der letzten Wochen, der Reflexion, hatten sich für die Erzieherin die Erfahrungen bestätigt,
- dass die Kinder nur dann Ideen und Vorschläge entwickeln können, wenn sie eigene Vorstellungen und Erfahrungen entwickeln konnten,
- dass man mit den Kindern gemeinsam die Veränderungen in der Raumgestaltung planen, ihre Wünsche und Vorschläge berücksichtigen sollte, da sie sonst die Räume und Spielmöglichkeiten nicht annehmen,
- dass es Kindern Spaß und Freude macht, wenn alle – Kleine und Große – einbezogen sind und sich aktiv beteiligen können.

Kinder verwirklichen ihre Wünsche und Vorstellungen

Handeln

Frühstück selbst gemacht

Die Erzieherinnen hatten sich in der pädagogischen Konzeption ihrer Kita das Ziel gesetzt, die Kinder in ihrem selbstbestimmten Handeln zu unterstützen, ihr Selbstwertgefühl zu bestärken, Selbstständigkeit und Mitbestimmung bei der Gestaltung ihres Lebens zu ermöglichen, ihr Wissen, ihre Fähigkeiten und Fertigkeiten zu bereichern.

Wie kann man diese Ziele bei der Gestaltung der Mahlzeiten einbeziehen? Welche Konsequenzen hatten sie in dieser Situation? Wie war es mit der Selbstständigkeit und Mitbestimmung der Kinder bestellt, wenn die Kinder ihre von den Eltern eingepackten Brottaschen alle gleichzeitig – egal ob sie Hunger hatten oder nicht – auspacken und die oftmals schon angetrockneten Wurst- oder Käsestullen essen sollten.

„Du hast ja wieder nicht aufgegessen!" Diesen Satz bekamen die Kinder öfter von ihren Eltern beim Abholen zu hören – meist mit einem strafenden Unterton. Viele Kinder saßen oft sehr lange lustlos beim Frühstück, wollten ihre eingepackten Brote, die Fruchtbecher, das Obst nicht essen.

Manche Kinder kamen schon sehr früh in die Kita und hatten zu Hause noch nichts gegessen. Auch sie mussten bis halb neun auf das gemeinsame Frühstück warten. Andere Kinder, die gerade zu Hause vom Frühstückstisch aufgestanden waren, sollten gleich wieder etwas essen.

Kinder entscheiden selbst, was sie essen möchten

Diese Situation wollten die Erzieherinnen grundlegend verändern. Auch bei den Mahlzeiten sollten die kleinen und großen Kinder ihre Wünsche und Bedürfnisse äußern. Entsprechend den jeweiligen konkreten Bedingungen in ihrer Kita erprobten die Erzieherinnen verschiedene Möglichkeiten.

Kinder bekommen eine eigene Küche

Die altersgemischte „Igelgruppe" bestand aus 15 Kindern im Alter von drei bis sechs Jahren. Sie hatten Grund zur Freude, denn sie bekamen demnächst eine neue Kinderküche im Nebenraum eingerichtet. Die Erzieherin nutzte diese Situation und beendete das leidige Frühstücks- und Nachmittagskaffeeritual. Diese Mahlzeiten sollten flexibler gestaltet werden. Die Kinder sollten selbst bestimmen, was sie gern essen wollten. Außerdem sollten sie lernen, diese Mahlzeiten selbst vor- und zuzubereiten, und dabei etwas über eine gesunde Ernährung erfahren.

Bei einem Elternabend wurden die Pläne eingehend besprochen. Die Eltern waren selbst mit dem Brottaschenimbiss ihrer Kinder unzufrieden und zeigten sich sofort bereit, einen Unkostenbeitrag von 0,50 DM pro Mahlzeit zu zahlen.

Die neue Küche wurde begeistert in Besitz genommen. Kleine Gruppen

Frühstück selbst gemacht

jüngerer und älterer Kinder wischten gemeinsam die Schränke aus und räumten das Geschirr ein. Ausführlich wurde über die Bedienung des Elektroherdes und mögliche Gefahren gesprochen.

Jetzt ging es nur noch darum, was eingekauft und gegessen werden sollte. Die Kinder hatten auch hier ziemlich genaue Vorstellungen: z. B. Toastbrot, Lätta, Tomatenfisch, Butter und Marmelade, Käse, Mettwurst und Quark, Cornflakes (welche?, darüber wurde lange diskutiert, auf jeden Fall ohne Rosinen!) und Milchschnitte? Nein, das wussten einige Kinder, die ist ungesund. Natürlich auch Gurken, Äpfel und anderes Obst.

Aus Zeitschriften, Werbeprospekten und anderem Informationsmaterial zu Ernährung und Gesundheit, das die Erzieherin gesammelt hatte, konnten sich die Kinder Anregungen holen, was man so alles essen kann. Wenn sie wollten, konnten sie das

Kinder gehen einkaufen und bereiten ihre Mahlzeiten zu

Apfeljoghurt mit gerösteten Flocken

	500 g	Vollmilchjoghurt	mit
5 EL	80 g	Zucker	und
		Zitronensaft	abschmecken
2 – 3	300 g	Äpfel	raspeln und sofort unterrühren.
	100 g	Sahne	steif schlagen und unterheben.
5 EL	50 g	kernige Haferflocken	und
3 EL	30 g	gehackte Haselnüsse	mit
1 EL	20 g	Butter	und
1 EL	20 g	Zucker	rösten,
			Apfeljoghurt mit den Flocken bestreuen.

Möhren-Apfel-Rohkost mit Honig

6	600 g	Möhren	und
2	300 g	Äpfel	grob raspeln. Mit
2 EL	20 g	Sonnenblumenöl	
		Zitronensaft	
		Orangensaft	und
2 EL	30 g	Honig	abschmecken.
			Alles vermengen.

Rezepte aus: C. Stauß (Hrsg.): Das Kindergartenkochbuch, Berlin 1996

Handeln

alles auch ausschneiden. Auf diesem Weg entstand ein großes Plakat für die Küche.

Einkaufszettel wurden gemalt und geklebt, in der Kaufhalle die Preise verglichen, um kostengünstig einzukaufen.

Jedes Kind konnte aussuchen, was ihm gut schmeckte. Obst- und Gemüsesalate waren nicht sehr beliebt. Die Kinder aßen das Obst und Gemüse lieber so – zwischendurch. Einkaufen, Zubereitung und das anschließende Frühstück oder die Vesper waren nun zu einem festen Bestandteil des alltäglichen Lebens der Kinder geworden. Das klappte alles aber nur dann, wenn die Erzieherin genügend Zeit hatte und keine Aufgaben von anderen Kolleginnen übernehmen musste.

Neue Rezepte werden ausprobiert

Es ging aber auch bei den Kindern nicht immer ganz glatt ab. Die Verabredungen mussten immer mal wieder angemahnt werden: Wer am Morgen kommt, hilft bei den Vorbereitungen. Jeder deckt seinen Platz, räumt ab, wäscht das Geschirr ab, stellt es in den Schrank.

Es kam schon öfter vor, dass das Geschirr nass und verklebt im Schrank stand. Manche Kinder versuchten sich durchzumogeln.

Die Frühstückspalette wurde immer breiter und abwechslungsreicher. Besonders beliebt war selbst gemachter Kräuterquark, bei dem die Kinder die selbst gezogenen Kräuter aus dem „Kräuterdschungel" – Kresse, Petersilie und Schnittlauch – verwenden konnten, genauso Rührei mit Petersilie und Schnittlauch. Es entstand eine Mappe mit Rezepten, die die Kinder sammelten und von denen immer wieder etwas ausprobiert

Frühstück selbst gemacht

wurde. (Siehe hierzu auch Stauß, C.: Das Kindergartenkochbuch, Berlin 1996)
Die Kinder und die Erzieherin hatten noch viel vor: Sie wollten den Bäcker besuchen, um zu erfahren, wie das Brot gebacken wird, sich Bücher über gesundes Essen aus der Bibliothek holen, die Kinder der anderen Gruppen zum Frühstück oder Kaffee einladen.

Die gemeinsame Zubereitung des Essens, die damit verbundenen Gerüche, der gedeckte Tisch, die gesamte Atmosphäre beim Essen – diese sich täglich wiederholende Alltagssituation – ermöglichen Erfahrungen, die den Kindern im Alltagsstress der Familien oft nicht mehr zugänglich sind.

Der Bäcker wird besucht

Die große Diele des Hauses wurde so gestaltet, dass alle Kinder der Kita – große und kleine bunt gemischt – hier ihre Mahlzeiten einnehmen konnten.

Andere Kinder werden eingeladen

• Wie wird das gemeinsame Essen vorbereitet?

Mahlzeiten für alle in der Diele

In einer anderen Kita lebten 60 Kinder im Alter von einem bis zu sieben Jahren in vier altersgemischten Gruppen. Angeregt vom Konzept des Situationsansatzes, änderten die Erzieherinnen ihre Konzeption, die Organisationsstruktur der Kita und öffneten die Gruppen. Konsequenterweise stießen sie dabei auch auf die Mahlzeiten und beschlossen, auch hier einiges zu ändern. Sie waren sich einig, dass gerade in den Kinderjahren die Mahlzeiten ein wichtiger Punkt im Leben der Kinder sind.

Handeln

Bei der Frühstückszubereitung wird viel erzählt

- Wer kauft ein?
- Wie können die Kinder dabei mitwirken?
- Wie entwickeln sich die sozialen Beziehungen der Kinder untereinander?

All das waren Fragen, die gut durchdacht sein wollten.
Zunächst ein kurzer Einblick in die Frühstückssituation.
Die beiden Erzieherinnen, die um 6.00 Uhr mit dem Frühdienst beginnen, übernehmen mit den nach und nach ankommenden Kindern die Frühstücksvorbereitung. Man trifft sich in der großen Küche. Die Getränke werden zubereitet, Obst und Gemüse geschält und geschnitten, Brote belegt mit verschiedener Wurst, Käse und Marmelade, Müsli und Milch bereitgestellt, Quark angerührt. Dabei wird erzählt, über Erlebnisse zu Hause berichtet und gelacht. An jedem Morgen finden sich Kinder, die Lust haben mitzuhelfen. Gerade die Kleinen sind neugierig, genießen die besondere Atmosphäre und wollen dabei sein, vor allem dann, wenn die älteren Geschwister oder „ihre" Erzieherinnen dort tätig sind.
Das Essen wird in der Diele zu einem „kalten Büfett" angerichtet, so dass ab sieben Uhr gefrühstückt werden kann. Eine Erzieherin kümmert sich besonders um die ganz Kleinen. Die Kinder holen sich Geschirr, wählen sich ihr Essen aus, räumen anschließend ihren Platz wieder auf und können dann in die anderen Räume gehen. Nach und nach kommen die Kinder und können auf diese Weise bis um halb neun frühstücken. Manche haben sich mit ihren Freunden verabredet, Geschwister setzen sich zusammen,

Frühstück selbst gemacht

andere genießen einfach die Atmosphäre oder unterhalten sich. Die Erzieherinnen setzen sich meist mit dazu, sodass die Kinder den Tag in der Kita entspannt angehen können. Wer kauft all das Notwendige ein? Wie ist das mit den Kosten?
In dieser Kita verwalten die Eltern das Geld. Eine Mark ist pro Kind für Frühstück und Vesper vorgesehen. Den Einkauf übernehmen zum großen Teil auch die Eltern. Ein genauer Plan gibt Auskunft, wer „dran" ist. Da sich die Arbeit auf viele verteilt, sind die Familien nicht übermäßig belastet. Brot, Obst, Gemüse, alles was täglich frisch gebraucht wird, kaufen die Kinder mit den Erzieherinnen selbst ein. In einem bestimmten Rhythmus sind die Kinder aller vier Gruppen abwechselnd für den Einkauf verantwortlich. Zwei Erzieherinnen gehen mit vier bis acht Kindern zweimal in der Woche einkaufen. Alle Kinder sind mal dran. Auch die Kleinen wollen mit. Sie werden mit dem „Buggy" mitgenommen.
Die Kinder haben kleine Einkaufsrucksäcke, mit denen sie alles gut transportieren können. In der Gruppe wird mit der Köchin beraten, was alles gebraucht wird. Die älteren Kinder übernehmen am liebsten ganz konkrete Aufträge. Eines kauft zehn Kiwis, ein anderes zehn Äpfel, wieder ein anderes drei Brote. Oftmals fertigen sie sich selbst die Einkaufszettel an.
Die Vesper am Nachmittag ist ähnlich organisiert. Die älteren Kinder bereiten über Mittag mit der Köchin und einer Erzieherin das „Nachmittagsbüfett" vor. Kinder, die ausgeschlafen haben, können zum Essen gehen und dann ihren jeweils gewünschten Tätigkeiten nachgehen. Häufig wird Kuchen für alle gebacken. Wer Lust hat, kann mitmachen.
Mittags haben die Kinder die Möglichkeit, aus drei „Wahlessen" (Assietten) auszuwählen. Das ist so organisiert, dass die Kleinen aller Gruppen zuerst essen, um früher schlafen zu können.
Mahlzeiten werden so zu einer bedeutsamen Situation und einem wichtigen Erfahrungsfeld im Alltag der Kinder.

Die Eltern sind sehr froh, dass das Brottaschenfrühstück vorbei ist

Handeln

Rituale und Traditionen stärken das Zusammengehörigkeitsgefühl

Rituale geben Orientierung und Sicherheit

Aus eigenem Erleben ist bekannt, dass Rituale und Traditionen das Zusammenleben festigen und das Zusammengehörigkeitsgefühl bestärken können. Sie schaffen Bezug zu bestimmten Ereignissen und Situationen im Leben. Besonders Kindern geben sie Halt, Geborgenheit und Sicherheit.
Gemeinsam entwickelte Rituale und Gewohnheiten sind deshalb fester Bestandteil des Lebens in vielen Kindergruppen geblieben. Sie machen das gemeinsame Leben durchschaubar und geben dem Tagesablauf eine Struktur, an der sich die Kinder in ihrem Verhalten orientieren können. Neu hinzukommenden Kindern – meist jüngeren – erleichtern sie das Zurechtfinden im Leben der Gruppe bzw. der Kindertagesstätte. (Siehe hierzu auch: TPS 3/84: Rituale – Regeln – Ordnung in der Kindertagesstätte)
In altersgemischten Gruppen sind es oft die Rituale während des Tages, die die Großen und Kleinen vereinen und einen gemeinsamen Bezugspunkt zum Leben herstellen. Sie unterstützen das gegenseitige Interesse und Verständnis für den anderen und festigen die sozialen Beziehungen.

Gemeinsamer Auftakt des Tages

Jedes Kind kommt auf seine Weise an

So läuft die Begrüßung des Kindes am Morgen, sein Ankommen in vielen Kindereinrichtungen nach einem gleichen Ritual ab. Die Erzieherin nimmt sich Zeit für jedes Kind. Eine kurze Verständigung über das Befinden des Kindes mit den Eltern, die aufmerksame Begrüßung des Kindes selbst sind äußerst wichtig.
Sind die meisten Kinder da, wird der Tag vielfach mit einem gemeinsamen Auftakt begonnen, der sehr unterschiedlich aussehen kann.
In einigen Gruppen ist es der „Morgenkreis", der täglich zum Tagesbeginn Kleine und Große zusammenführt. Hier werden alle Kinder in der Gruppe begrüßt. Es wird bemerkt, dass Jana nach ihrer Krankheit wieder da ist; es interessiert, ob sie ihren gebrochenen Fuß wieder richtig bewegen kann. Es wird betont, Rücksicht zu nehmen und nicht zu schubsen. Marko ist aus dem Urlaub zurück; er zeigt gleich seine Urlaubskarten. Wichtige Erlebnisse werden mitgeteilt, zum Beispiel dass Heikos Vater wieder Arbeit als Bäcker gefunden hat. Thomas erzählt traurig, dass seine Oma sehr krank ist. Oder dass Ronnys Bruder mit dem Fahrrad gestürzt ist. Aufgeregt wird diskutiert, wie man sich im Straßenverkehr verhalten muss. Kinder, die wenig in Erscheinung treten, stehen so auch einmal im Mittelpunkt der Aufmerksamkeit und werden – gestützt durch die Erzieherin – in ihrem Selbstwertgefühl bestärkt. Jedes Kind spürt: „Ich bin wichtig."

Rituale und Traditionen stärken das Zusammengehörigkeitsgefühl

Gleichzeitig wird festgestellt, welche Kinder heute nicht da sind, überlegt, warum sie wohl nicht gekommen sind. „Susi ist krank", informiert die Erzieherin. Gleich wird beschlossen, ihr eine Karte zu malen und zu schicken. Heiko ist zu seiner Oma gefahren und Susann beim Zahnarzt, sie kommt erst später. An alle wird gedacht.

Meist kommen hierbei die Älteren stärker zum Zuge. Darum ermuntert die Erzieherin auch die Kleinen, ihr neues Kuscheltier zu zeigen oder von einem Erlebnis zu erzählen. Sie sind einfach dabei und genießen die Atmosphäre. Manchmal interessiert sie dieses Ritual auch nicht, dann spielen sie oder sehen aus der Entfernung zu.

In einer Gruppe hatte sich zum Morgenbeginn noch ein besonderes Ritual entwickelt. Die Kinder und die Erzieherin haben sich ein „Freundschaftsband" gebastelt. An einem aus bunten Stoffstreifen geflochtenen Seil hatte jedes Kind aus verschiedenfarbigen Stoffen sein Band angeknüpft. Dieses Seil war als Symbol für die freundschaftlichen Beziehungen der Kinder gedacht.

Am Morgen in der Kuschelecke holen sich die Kinder ihr „Freundschaftsband" und stellen fest, ob denn auch alle angeknüpften Bänder „besetzt" sind; warum Heikes rotes Band heute leer ist. Die Kinder werden so aufeinander aufmerksam, bemerken sofort, wenn eines fehlt.

Erzieherinnen nutzen diese gemeinsam entwickelten Rituale am Morgen gleichzeitig, um mit den Kindern wichtige Vorhaben des Tages zu besprechen und zu planen. Absprachen

Durch das Freundschaftsband wird kein Kind vergessen

Handeln

Die „Kinderkonferenz" – ein Ort, an dem Kinder mitbestimmen und gestalten können

werden getroffen für den Einkauf, beraten, wie das begonnene Projekt mit den älteren Kindern weitergeführt werden kann, wohin der Spaziergang heute gehen soll, wer in eine andere Gruppe gehen möchte. Oftmals beendet ein Spiel oder ein Lied den „Morgenkreis".

In anderen Gruppen ist das gemeinsame Frühstück der Auftakt des Tages. Kinder sitzen mit ihrer Freundin oder mit ihrem Freund zusammen, tauschen ihre Erlebnisse aus. Auch hier werden die Vorhaben des Tages in ähnlicher Weise besprochen und geplant.

Beratung in Kinderrunden

In vielen Kindereinrichtungen hat sich eine neue Tradition, ein neues Ritual entwickelt, die „Kinderkonferenz", auch als „Kinderversammlung", als „Redestunde" oder als „Ideenberatung" bezeichnet. In manchen Kindergruppen finden solche Beratungsrunden regelmäßig wöchentlich statt. Andere Gruppen treffen sich eher spontan, je nach Bedarf, wenn gemeinsame Vorhaben geplant werden oder andere wichtige Fragen anstehen.

Meist finden solche Beratungen in einer gemütlichen Ecke mit der Erzieherin in engem Körperkontakt statt. Hier werden längerfristige Vorhaben, wie die Vorbereitung eines Festes, ein neues Projekt oder Vorschläge der Kinder beraten. Die Kinder bringen ihre Ideen und Wünsche ein. Um nichts zu vergessen, werden entsprechende Symbole oder Bilder gezeichnet und an der „Ideenwand" angebracht.

Zugleich haben die Kinder die Möglichkeit mitzuteilen, was ihnen im Zusammenleben der Gruppe nicht gefällt, was sie „nervt" oder stört. Zum Beispiel beklagte sich Josi darüber, dass sie nie mit ihrer Freundin Steffi in Ruhe spielen kann, weil die Jungen sie immer stören. Diese wiederum wollen „nur" durch die „Wohnung" zu ihrem Bauplatz.

Gemeinsam wurde beraten, wie man

Rituale und Traditionen stärken das Zusammengehörigkeitsgefühl

solche Konflikte lösen könnte: Die Mädchen sollen ihre Wohnung nicht genau vor der Bauecke der Jungen einrichten, sondern sich eine Ecke in der Garderobe suchen. Oder sollen die Jungen die Bauecke verlegen? Diese Kinderversammlungen sind auch der Platz, an dem die Kinder gemeinsam Regeln für das Zusammenleben entwickeln. Zum Beispiel:
- Wer in eine andere Gruppe geht, muss sich abmelden.
- In den Werkraum darf man nur, wenn der Hausmeister oder eine Erzieherin dort ist.
- Nach dem Frühstück muss jeder sein Geschirr abwaschen, abtrocknen und wegräumen.
- Mit mitgebrachtem Spielzeug dürfen alle spielen.
- Spielzeug, das in den Garten mitgenommen wird, muss am Abend wieder sauber zurückgestellt werden.

Diese Beratungen lassen sich in gemischten Gruppen unterschiedlich organisieren. Manche Erzieherinnen führen diese Gespräche nur mit den etwas älteren Kindern, wobei interessierte jüngere selbstverständlich dabei sein dürfen. Andere Erzieherinnen organisieren die Gespräche für alle Kinder, die teilnehmen möchten. Die Erfahrungen zeigen, dass die Jüngeren meistens interessiert sind, was die Großen so reden, sich dazusetzen oder aus der Entfernung alles beobachten. Deutlich wird, dass sie mit zunehmendem Alter gern zu den Großen gehören und mit dabei sein möchten.

Der Ämterplan

Einige Erzieherinnen haben den „Ämterplan" als Ritual mit neuem Inhalt wieder aufleben lassen, um das Pflichtgefühl zu bestärken und die Verantwortung für übernommene Aufgaben zu entwickeln.
So besprechen die Kinder, wer die Blumen gießt, sich für die Fütterung des Hamsters „Leopold" verantwortlich fühlt, die Fische versorgt oder die Tische nach dem Frühstück abwischt. Die Namen der verantwortlichen Kinder werden den Symbolen auf dem Ämterplan zugeordnet. Die

Gemeinsame Vorhaben werden geplant, Regeln werden gemeinsam entwickelt

Handeln

meisten Kinder übernehmen gern solche Pflichten und außerdem werden die „Drückeberger" so schnell ausfindig gemacht. Die Kinder übernehmen die Kontrolle selbst, damit auch jeder mal „dran" kommt.

Mittagsschlaf

Ein wichtiges Element des Tages ist in altersgemischten Gruppen der Mittagsschlaf. Aufgrund der unterschiedlichen Schlafbedürfnisse der Kinder wird er sehr differenziert gestaltet.

Die Kleinen legen sich schon zeitiger hin. Für sie ist es das mehrmalige Zudecken, das Streicheln, die Spieluhr, vor allem der Nuckel und das Kuscheltier, was die Einschlafzeremonie begleitet. Die Älteren kommen später dazu. Wichtig ist die entspannte Atmosphäre beim Ausziehen, hier kann auch noch ein bisschen erzählt werden, noch einmal schnell ein Buch angeguckt werden – je nachdem. Gern hören die Kinder vor dem Einschlafen noch eine Geschichte oder ein Lied.

Für die Kinder der „Mäuschengruppe" ist es etwas Besonderes, wenn die Erzieherin untermalt mit leiser Musik „Traumzauberblasen" (Seifenblasen) fliegen lässt. Jedes Kind möchte, dass die „Traumzauberblasen" auch zu ihm kommen. Wünsche, von denen man träumen möchte, aber auch das, wovor man Angst hat, werden noch einmal genannt. Der Erzieherin erschließen sich dabei geheime Gedanken und Ängste der Kinder, die im Ablauf des Tages kaum zum Ausdruck kommen. Kinder, die nicht schlafen können, brauchen sich nicht hinzulegen oder können aufstehen und sich anderweitig beschäftigen.

Der Mittagsschlaf verliert so seinen unbeliebten, hektischen und stressigen Charakter und wird zu einer Vertrauen und Sicherheit vermittelnden Gewohnheit.

Der „Zauberbaum"

Eine bei den Kindern sehr beliebte Tradition hatte sich in der „Schmetterlingsgruppe" entwickelt, die Spaziergänge zu ihrem „Zauberbaum". Das ist eine alte, dicke und hohe Kastanie. Hier können die Kinder im Wechsel der Jahreszeiten immer wieder Neues entdecken, hier können sie spielen und vieles erfahren. Unter dem dicken Blätterdach kann man gemütlich sitzen, Picknick machen, sich in kleinen Gruppen über verschiedene Erlebnisse unterhalten. Man kann sich unter den Baum legen, in die durchglitzernde Sonne schauen und träumen. Im Frühling platzen die Knospen auf, im Herbst fallen die Kastanien, daraus kann man vieles basteln. Von der Rinde kann man verschiedenfarbige Abdrücke machen. Die Blätter kann man trocknen und vieles andere mehr. So wurde der Baum zum liebsten Ausflugsziel der älteren und jüngeren Kinder.

Für alle bot er vielfältige Entdeckungs- und Erfahrungsmöglich-

Mittagsschlaf in entspannter Atmosphäre

Rituale und Traditionen stärken das Zusammengehörigkeitsgefühl

keiten im Frühling, Sommer, Herbst und Winter.

Soweit einige Beispiele. Natürlich gibt es viele andere Rituale und Traditionen, die als gemeinsame Erlebnisse das Zusammengehörigkeitsgefühl der verschiedenaltrigen Kinder bestärken, Spaß und Freude machen.

Traditionen werden gepflegt

Handeln

Das einzelne Kind bleibt im Blick

Erzieherinnen wollten genauer überprüfen, welche Wirkungen und Entwicklungsimpulse von dem Leben in altersgemischten Gruppen ausgehen. Erst der Blick auf das einzelne Kind gibt Aufschluss darüber, ob sich jedes wohl und angenommen fühlt und seine Entwicklung in der ihm gemäßen Weise gefördert wird.
Für die Beobachtung stellten sich Erzieherinnen deshalb folgende Fragen:
• Wie sieht der Tagesablauf für das einzelne Kind aus?
• Inwieweit kann es seine individuellen Bedürfnisse befriedigen?
• Was macht den Tag für das Kind ereignisreich und interessant?
• Kann es seine Interessen einbringen und umsetzen?
• Wie betätigt es sich?
• Beteiligt es sich an den Angeboten?
• Welche Beziehungen zu anderen Kindern geht es ein?

Ein Tagesablauf von Tom

Tom ist drei Jahre alt. Er ist in einer altersgemischten Gruppe mit Kindern im Alter von zwei bis sechs Jahren. An seinem Beispiel wird gezeigt, wie differenziert die Beobachtungen ausfallen.
Am Morgen um 6.30 Uhr kommt Tom (ein Einzelkind) in der Kita an und verabschiedet sich zärtlich von seiner Mutter. Er hat heute eine Pfeife mitgebracht. Er zeigt sie gleich der Erzieherin und allen anwesenden Kindern. Alle dürfen mal pfeifen. Einige Kinder sitzen am Tisch und spielen mit dem neuen Stempelspiel. Tom setzt sich dazu, nimmt ein Blatt und stempelt eine „Tischdecke". Julia (fünf Jahre) zeigt ihm, wie er ein einfaches Muster am Rand des Blattes stempeln kann. Tom gelingt das nicht ganz. Er schenkt seine „Tischdecke" der Erzieherin. „Hab ich für dich gemacht."
Es ist 6.50 Uhr. Tom holt sich einen Traktor und fährt im Zimmer herum.

Tom stempelt eine Tischdecke

Das einzelne Kind bleibt im Blick

Jedem der neu ankommenden Kinder zeigt er seine Pfeife. Nun kommt Max, sein Freund (auch drei Jahre alt). Beide fahren mit Fahrzeugen auf dem Flur herum.
Um 7.10 Uhr geht die Erzieherin in die Küche, um Tee und Kaffee zu kochen. Tom geht mit, zeigt wieder seine Pfeife und erzählt, dass er diese gestern von seiner Oma geschenkt bekommen hat.

Nach 7.20 Uhr beginnen die Kinder nach und nach mit dem Frühstück. Tom holt sich seine Brottasche, setzt sich an einen Tisch, an dem zwei ältere Kinder und ein jüngeres sitzen. Sein Freund Max setzt sich dazu. Tom zeigt seinen Apfel und seine Schnitte und erzählt, dass er „Pumuckel" im Fernsehen geguckt habe. (Keiner reagiert darauf.) Darauf fängt er an, mit seiner Schnitte zu spielen: „Das ist die Mutti." Max reagiert sofort: „Das ist der Vati." Alle am Tisch lachen. Nach einem kurzen Dialog essen beide weiter. Tom hat aufgegessen, räumt seinen Platz auf und geht spielen.

Tom hat die Pfeife von der Oma

Die Kinder beschäftigen sich seit einigen Tagen mit dem Thema „Herbst". Die Kinder hatten Eicheln und Kastanien gesammelt, einige auch Drachen gebastelt, die im Zimmer lustig von der Decke baumeln. 
Die Erzieherin fragt, wer denn heute einen Drachen basteln möchte. Tom will.
Sie sucht mit den interessierten Kindern das entsprechende Material zusammen. Sie fragt Tom, welche Farbe er nehmen möchte. „Weiß". Er reißt kleine Schnipsel aus Krepppapier, knüllt sie zusammen und klebt sie auf einen vorbereiteten Papierdrachen. (Für die jüngeren Kinder hatte die Erzieherin die Form des Drachens vorgefertigt. Die älteren Kinder sollten selbst das Papier zurechtschneiden und falten.)
Tom ist fertig und zufrieden: „Mein Drachen ist schön." Die Erzieherin

Tom will auch einen Drachen basteln

Handeln

hilft ihm, den Schwanz zu befestigen. Sie bekräftigt: „Ja, er gefällt mir auch." Tom freut sich und geht wieder spielen (8.30 Uhr). Er holt sich Matchboxautos.

Zwei gleichaltrige Jungen kommen dazu. Tom: „Wir spielen ‚Ampel' – Halt, das ist Rot. Wir müssen anhalten." Bei „Grün" fahren dann alle los, eine Runde um den Tisch und halten wieder bei „Rot". Das Spiel beginnt von vorn und macht Spaß.

(9.20 Uhr) Die Erzieherin stellt mit Blick aus dem Fenster fest, dass es heute schön windig ist und man nachher die Drachen gut steigen lassen könnte. Wer hat Lust dazu? Alle haben Lust. Allmählich beenden die Kinder ihr Spiel. Tom muss ermahnt werden aufzuräumen.

Tom baut mit den Großen eine Bude

Die Kinder ziehen sich an, und Tom hilft der zweijährigen Melanie in die Jacke. Als ihm die Erzieherin dabei hilft, die Knöpfe zuzuknöpfen, schmust er schnell mit ihr.

(10.00 Uhr) Alle sind auf der Wiese im Park. Die Kinder rennen übermütig mit ihren Drachen umher. Toms Drachen will nicht fliegen. Susann (fünf Jahre) bemerkt seine Traurigkeit und fragt, ob sie es mal versuchen sollte. Tom stimmt zu. Nun fliegt auch sein Drachen. Er hüpft vor Freude: „Mein Drachen fliegt."

Auf dem Rückweg treffen die Kinder auf Arbeiter, die mit der Motorsäge Äste von den Bäumen sägen. Sie sehen interessiert zu und staunen, wie schnell das geht. Die Erzieherin fragt: „Ob wir vielleicht die Äste gebrauchen könnten?" Michael (sechs Jahre) hat sofort eine Idee: „Wir können uns Buden daraus bauen." Alle sind begeistert. Die Kinder – auch Tom – tragen zu zweit und zu dritt die ziemlich schweren Äste. In der Kita angekommen, wird sofort mit dem Budenbauen begonnen. Tom fragt die Älteren: „Kann ich auch?" Etwas gönnerhaft wird es ihm erlaubt. Zwischendurch hat er Durst. Tee und Milch stehen immer bereit.

(11.00 Uhr) Die Kinder sind nun wieder in ihren Räumen, der Essenwagen wird aus der Küche gebracht. Tom möchte die Bestecke austeilen. Jedes Kind kann sich sein Essen

Das einzelne Kind bleibt im Blick

selbst auftun. Die Erzieherin hilft den Jüngeren noch etwas. Nun wird gegessen. Tom isst heute alles auf, es schmeckt ihm offensichtlich.
(11.40 Uhr) Die Kinder waschen sich und bereiten sich auf den Mittagsschlaf vor. Matten werden hingelegt und Decken geholt. Die älteren Kinder legen für die jüngeren die Matten hin – das ist die abgesprochene Regel. Tom liegt neben seinem Freund Max. Die Erzieherin zeigt ihm, wie es geht, seine Sachen ordentlich zusammenzulegen. Tom legt sich hin. Plötzlich fällt ihm seine Pfeife wieder ein. Schnell holt er sie und legt sie mit auf die Matte. Bald ist er fest eingeschlafen.

Welche Schlüsse zogen die Erzieherinnen aus diesen Beobachtungen?

Tom kann selbstbestimmt vielseitigen, für ihn interessanten Tätigkeiten nachgehen und erhält dadurch unterschiedliche Anreize für seine geistige, körperliche und soziale Entwicklung. Er nimmt vielfältige soziale Kontakte zu älteren, gleichaltrigen und auch jüngeren Kindern auf, geht angstfrei und aufgeschlossen auf andere zu, hilft anderen und nimmt auch Hilfe an. Er erhält somit auch Entwicklungsimpulse von anderen Kindern. Deutlich wurden seine freundschaftlichen Beziehungen zu Max. (Das war den Erzieherinnen noch gar nicht bewusst.) Beide suchen sich als Partner, haben sichtlich viel Vergnügen an den gemeinsamen Aktivitäten. Tom braucht und erhält die emotionale Zuwendung der Erzieherin.
Die Erzieherinnen überlegten, warum die Pfeife an diesem Tag für Tom so wichtig war. Sicherlich, weil er sie gerade erst bekommen hatte. Oder wollte er damit die Aufmerksamkeit auf sich lenken? Vielleicht einfach nur Kontakte herstellen? Insgesamt lassen die Beobachtungen den Schluss zu, dass Tom in dieser altersgemischten Gruppe angenommen ist, hier Spielpartner und Freunde hat und viele Impulse für seine Entwicklung erhält.

Die Erzieherinnen beobachteten auch andere jüngere und ältere Kinder in verschiedenen konkreten Lebenssituationen. Sie stellten fest, dass die Analyse solcher individuellen Tagesprofile hilft, jedes einzelne Kind im Blick zu behalten und die eigene Arbeit differenzierter zu reflektieren.

Tom hat einen Freund: Max. Das hatten die Erzieherinnen nicht gewusst

Individuelle Tagesprofile helfen, einzelne Kinder differenzierter zu beobachten

69

Handeln

Projekte mit Kindern planen und gestalten

Projekte im Sinne des Situationsansatzes beinhalten einen Ausschnitt des sozialen Lebens, ein ausgewähltes „Thema". Kinder und Erwachsene planen gemeinsam die Abfolge von Schritten, in denen sie sich die Lebenswirklichkeit systematisch erschließen. Projekte ermöglichen Kindern, durch eigenständiges Tun und Handeln tiefer in Lebenszusammenhänge einzudringen, sie zu beeinflussen und dabei vielfältige Erfahrungen und Kenntnisse zu gewinnen.
Die Erzieherin stärkt und ermutigt die Kinder bei der Realisierung ihrer Vorhaben.

Kinder erkunden ihr Wohnumfeld

Wie können Projekte mit verschiedenaltrigen Kindern gestaltet werden, damit jedes Kind auf die ihm gemäße Weise aktiv beteiligt ist und die notwendigen Anreize für seine Entwicklung erhält?
Dazu Erfahrungen einer Erzieherin in einer Gruppe mit Kindern von drei bis sechs Jahren.

„Hier wohnen wir"

Anknüpfend an ihre persönlichen Erfahrungen, ihre vielfältigen Kontakte in der Nachbarschaft, sollen sich die Kinder ihre Kurstadt über einen längeren Zeitraum zielgerichtet erschließen und so ihre Beziehungen zum Wohnumfeld vertiefen.
Die Kinder haben in letzter Zeit – bedingt durch die Wende – sehr viel über Veränderungen in ihrer Wohnsituation berichtet. Stefan ist in ein neues Haus gezogen, Heike wohnt jetzt bei Oma und Opa, Susannes Haus wurde umgebaut, bei Tom kann man jetzt Videofilme ausleihen ...
Begeistert wurde der Vorschlag der Erzieherin aufgenommen, dass man sich doch mal gegenseitig besuchen könnte. Die Kinder beschlossen, sich das Wohnhaus und die Straße jedes Kindes genau anzusehen. Jeder wartete schon ungeduldig darauf, „sein" Haus zu zeigen und darüber zu erzählen. Die Älteren bekamen den Auftrag, zu erkunden und zu zeigen, was es in ihrer Straße an wichtigen Gebäuden und Sehenswürdigkeiten zu sehen gibt. Neugierig und gespannt machten sich die Kinder auf den Weg. Kleinen wie Großen machten die gemeinsamen Erkundungsgänge viel Spaß. Jedes Kind wurde besucht, konnte seine Wohnung zeigen, Wichtiges davon erzählen und wurde vor seinem Haus fotografiert. Susanne (fünf Jahre alt) zeigte stolz ihr altes Haus mit den neuen Fenstern und der neuen Haustür, eine neue Gasheizung hatten sie auch. Dem dreijährigen Marco waren vor allem die Schaukeln im Garten wichtig, die sein Vater gebaut hatte. Ralf freute sich über die größere Wohnung. Er hatte jetzt auch ein eigenes Kinderzimmer. Bei Toms Eltern wurde gleich ein Video ausgeliehen. Rico zeigte stolz seine Schmetterlings- und Käfersammlung. Torsten ist zu seinen Großeltern gezogen.

In der Stadt gibt es viel zu sehen und zu erleben

Projekte mit Kindern planen und gestalten

Hier gab es einen großen Gemüsegarten zu bestaunen.

Die Kinder erfuhren so, dass es verschiedene Wohnmöglichkeiten gibt. Durch das Kennenlernen der häuslichen Umgebung, der individuellen Lebensbedingungen der Kinder konnten sich vertraute Beziehungen der Kinder untereinander weiter entwickeln.

Bei ihren Erkundungsgängen entdeckten und betrachteten die Kinder viele andere wichtige Gebäude und Sehenswürdigkeiten der Stadt: das schöne alte Rathaus – hier wurde gleich Mikes Mutter besucht –, die Schule, das neue Feuerwehrgebäude, das Seniorenheim der AWO, das die älteren Kinder von ihren regelmäßigen Besuchen schon gut kannten, die neue Kurklinik. Die Kleinen lernten ihre Adresse auswendig und übten verkehrsgerechtes Verhalten. Große und Kleine konnten gleichermaßen ihre Kenntnisse einbringen und neue Erfahrungen sammeln.

Die älteren Kinder hatten übernommen, in der nahe gelegenen Gästeinformation einen Stadtplan zu besorgen. Sie bekamen gleich eine Luftaufnahme der Stadt dazu. Susannes Vater vergrößerte beide, so dass alle ihre Fotos vom Wohnhaus gut sichtbar an der entsprechenden Stelle im Stadtplan befestigen konnten. Die Kinder hatten einen guten Überblick über ihre Stadt. Die Luftaufnahme war für alle interessant. Welche Sehenswürdigkeiten und Gebäude konnte man aus der Vogelperspektive wieder erkennen? Wer findet sein Wohnhaus?

Mit einem Stadtplan kann man sich gut orientieren

Handeln

Dadurch angeregt, malten einige Kinder ihr Wohnhaus, ihren Weg zur Kita, Sehenswürdigkeiten und andere Gebäude der Stadt. Einige ältere Kinder skizzierten selbst einen Stadtplan mit wichtigen Straßen und Gebäuden. In der Bildmappe „Unsere Stadt" blätterten Große und Kleine immer wieder gerne. Sie regte zum Betrachten und Erzählen an.
Als zeitweise ein Kind einer Kurpatientin in die Gruppe kam, sind die Kinder neugierig geworden. Sie wollten erfahren, wo Jan mit seiner Mutter in der Kurklinik wohnt, was es auf dem neuen Kurgelände zu sehen und zu erleben gibt. Dieses Projekt wird die Kinder noch eine Weile beschäftigen.

Die Kinder wollen etwas gegen Umweltverschmutzung tun

„Der Müll muss weg"

Erzieherinnen einer anderen Kita planten und gestalteten mit den Kindern ihrer beiden altersgemischten Gruppen im Alter von zwei bis sechs Jahren ein Projekt zum Thema: „Der Müll muss weg".

Ausgelöst wurde dieses Projekt durch den Videofilm „Meister Dachs und seine Freunde", in dem es um Probleme der Umweltverschmutzung im Wald geht. Spontan äußerten sich die Kinder: „Ich weiß, dass man kein Papier und Coladosen im Wald liegen lässt." (Marko, sechs Jahre) „Die Leute schmeißen alles hin." (Tomy, drei Jahre) „Ich weiß, wo Flaschen und Dosen hinkommen." (Susann, drei Jahre) „Ich bringe auch Papier weg." (Anja, zweieinhalb Jahre).
In den kommenden Tagen beobachteten die Kinder viel bewusster die Müllentsorgung durch die „Stadtwirtschaft". Sie waren entsetzt, wie liederlich und schmutzig es rund um die Container aussah. Die älteren Kinder berichteten über ihre Erfahrungen zum Umweltschmutz und Umweltschutz. Viel hatten sie davon im Fernsehen gehört und gesehen. Auch die Jüngeren hatten ihre Erfahrungen: „Flaschen gehören in den Behälter!"
Im nahe gelegenen Park ärgerten sich die Kinder über herumliegende Flaschen, Büchsen und Papier. Sie sammelten alles auf, aber am nächsten Tag sah alles wieder aus wie vorher. Was konnten sie tun?
„Wir können immer wieder alles aufsammeln."
„Wir müssen den Leuten sagen, dass sie nicht alles wegwerfen sollen!"
Aber wie?
„Wir können eine Wandzeitung anfertigen und den Müll aufkleben, dann merken es alle."
Diese Idee wurde sofort umgesetzt. Die Erzieherinnen gaben den Kin-

Projekte mit Kindern planen und gestalten

> Aufruf an alle Kinder, Eltern und Erzieher!
> Wir möchten euch bitten mitzuhelfen, den vielen Hausmüll richtig zu entsorgen.
> Wir Kinder wissen, wo der Müll hingehört! Für Papier, Flaschen, Gläser und anderen Müll gibt es die entsprechenden Container.
> Helft alle mit, auf Wiesen und Wegen im Wohngebiet auf Sauberkeit zu achten!

dern die Information, dass es in der Nähe den „Bürgerrat" gibt, bei dem man solche Dinge vortragen und Kritik üben kann.
Sofort wurde beschlossen, auch dort eine Wandzeitung hinzubringen.

> Liebe Bewohner im Wohngebiet!
> Wir Kinder der Kindertagesstätte „Kinderland" finden es nicht schön, wie es auf unseren Wegen und Wiesen aussieht.
> Oft haben wir schon Papier und Unrat im Wohngebiet aufgesammelt.
> Wir rufen alle im Wohngebiet auf, mit für Ordnung und Sauberkeit auf den Wiesen und Wegen zu sorgen. Auch der viele Hausmüll – Papier, Flaschen und anderer Müll – gehört nicht an die Ecke, sondern in die richtigen Container.
> Helft alle mit, damit unser Wohngebiet sauber aussieht!

Der Bürgerrat nahm den Aufruf und die Wandzeitung der Kinder sehr ernst und veröffentlichte beides sofort in seinem Schaufenster, später auch in der Zeitschrift des Bürgerrates.
Insbesondere die älteren Kinder waren stolz, dass sie etwas für den Umweltschutz getan hatten.
Eltern berichteten, dass die Kinder auch zu Hause sehr genau auf eine sortierte Hausmüllentsorgung achten und dabei mithelfen. Leider hatte sich im Stadtpark nicht viel verändert.

An diesen gemeinsamen Aktionen nahmen auch die Kleinen teil, obwohl sie die Möglichkeit hatten, in der Kita zu bleiben und sich anderweitig entsprechend ihren Wünschen zu beschäftigen. Doch sie wollten überall dabei sein, hatten Angst, irgendetwas Wichtiges zu verpassen. Sie beteiligten sich an der Müllaktion im Park, entsprechend ihren Möglichkeiten auch an der Gestaltung der Collage und der Wandzeitung, wollten mitgehen zum „Bürgerrat". Offensichtlich beeindruckten sie das Engagement und die Aktivität der Älteren. Vieles konnten sie sicher noch nicht verstehen, aber dieses Dabeisein trägt vielleicht dazu bei, später, wenn sie die Großen sind, sich ähnlich zu verhalten. (Siehe auch den Band: Natürlich von klein auf! Ökologische Lebensgestaltung in der Kita, in dieser Praxisreihe.)

Kinder machen mobil

Handeln

Wenn die Großen zur Schule kommen – ein gruppenübergreifendes Projekt

Die Großen freuen sich, bald Schulkinder zu sein

Der Schulbeginn ist ein wichtiges Ereignis für die Kinder, das sie schon lange vorher mit Freude und Neugier erwarten.
Die zukünftigen Schulanfänger aus allen gemischten Gruppen der Kita sollen Gelegenheit haben, sich gemeinsam noch differenzierter auf den Lebensabschnitt „Schule" vorbereiten zu können.
Erzieherinnen wissen aus Erfahrung, dass gerade die Kinder im letzten Jahr, kurz bevor sie zur Schule kommen, sehr wissbegierig sind, gern etwas Neues lernen wollen, ihre geistigen und körperlichen Kräfte ausprobieren möchten, einfach gefordert werden wollen. Natürlich – und das beschreiben die Beispiele in diesem Buch – lernen die Kinder auch auf vielfältige Weise im gemeinsamen Tätigsein mit den jüngeren Kindern. Dennoch sollten die Kinder im Zusammensein mit den Gleichaltrigen gezielt all jene Erfahrungen und Kompetenzen erwerben können, die sie brauchen, um in dieser neuen Lebenssituation gut zurechtzukommen. Vor allem sollten aber ihre Vorfreude und ihre Neugier durch viele gemeinsame Aktivitäten erhalten und die sozialen Beziehungen und das Gemeinschaftsgefühl der künftigen Schulanfänger gefestigt werden. Gleichzeitig wollten die Erzieherinnen damit auch den Erwartungen der Eltern an eine zielgerichtete Schulvorbereitung ihrer Kinder gerecht werden. (Siehe hierzu auch den Band: Was heißt hier schulfähig? Übergang in Schule und Hort, in dieser Praxisreihe.)

Die künftigen Schulanfänger planen gemeinsame Vorhaben

Im letzten Halbjahr vor dem Schulanfang verabredeten sie Möglichkeiten im Tages- bzw. Wochenablauf, an denen sich die künftigen Schulkinder der verschiedenen Gruppen zu gemeinsamen Unternehmungen treffen konnten. In einer Kita war es die Leiterin selbst, die die 16 Kinder zwei- bis dreimal in der Woche zur „Vorschule" einlud. Sie wollte den konkreten Kontakt zu den Kindern nicht verlieren und gemeinsam mit den Kindern ihre Erfahrungen auf diesem Gebiet erweitern.
In einer anderen Kita übernahmen zwei Erzieherinnen, den Treffpunkt einmal in der Woche zu organisieren. Diese Zusammenkünfte waren bei den Kindern sehr beliebt, fühlten sie sich doch in ihrem besonderen Status, bald Schulkind zu sein, ernst genommen.
Zunächst einmal interessierte die Erzieherinnen: Welche Fragen und Probleme beschäftigen die Kinder im Zusammenhang mit dem Thema „Schule"?
Wichtig war den Kindern:
• Kommt mein Freund/meine Freundin in die gleiche Schule?

Wenn die Großen zur Schule kommen – ein gruppenübergreifendes Projekt

- Wie sieht die Schule innen aus? Gibt es auch eine Turnhalle, eine Küche und Toiletten?
- Wie wird meine Lehrerin, mein Lehrer sein? Hoffentlich nett!
- Was ziehe ich zur Einschulung an?
- Wie wird meine Zuckertüte aussehen?
- Was machen wir zur Abschlussfeier in der Kita?

Es wurde darüber beraten, was man gemeinsam unternehmen könnte. Die Kinder hatten viele Vorschläge:
- die Schule besuchen,
- ein Sportfest mit den Hortkindern der Kita,
- eine gemeinsame Radtour mit Picknick,
- Besuch des Tierparks in der nahe gelegenen Kreisstadt,
- das Abschlussfest in der Kita (möglichst mit Übernachtung).

Kommt meine Freundin in die gleiche Schule?

Handeln

Die Erzieherinnen brachten auch einige Ideen ein:
- den Schulweg mit seinen Gefahrenpunkten kennen lernen,
- an der Aktion „Sicherer Schulweg" der Verkehrspolizei teilnehmen,
- Erkundungsgang: Was ist in der Pause los?

Die Kinder fertigten eine Wandzeitung an, auf der alle Vorhaben auf unterschiedliche Weise gemalt, geklebt oder mit Wachsmalstiften gezeichnet wurden. Nun konnte man genau planen, Verantwortlichkeiten festlegen und sich orientieren.

Die folgenden Wochen und Monate waren mit der Umsetzung der geplanten Vorhaben gefüllt. Die Fahrradtour wurde mit einem Besuch der künftigen Schulanfänger im Kindergarten Legde verbunden. Ein paar Kinder verabredeten, sich bei der Polizei nach dem Termin der Aktion „Sicherer Schulweg" zu erkundigen. Alle nahmen an der Aktion teil. Bei der Gelegenheit wurden alle Fahrräder auf Verkehrssicherheit überprüft.

Die Kinder machten sich mit dem sicheren Schulweg vertraut und übten sich im verkehrsgerechten Verhalten. Mit großer Spannung und Interesse sahen sie sich das Innenleben der Grundschule an, in die sie künftig gehen würden. Der Direktor empfing die Kinder persönlich, zeigte und erklärte alles. Er konnte kaum all die Fragen beantworten, die sich die Kinder vorher überlegt hatten:
- Wo sind die Klassenräume?
- Wohin gehört die Schulmappe?
- Sind die Lehrer alle „nett"?
- Wo ist die Toilette?
- Was machen die Schüler in der Pause?

Von den Hortkindern und älteren Geschwistern hatten die Kinder erfahren, dass auf dem Schulhof auch viel geschubst und gehauen wird.
- Stimmt das? Warum ist das so?

Mit der Antwort war der Direktor anscheinend etwas überfordert.

Wichtig war den Schulanfängern auch das Sportfest mit den Hortkindern. Gemeinsam wurden „Spielwettkämpfe" überlegt: Zielwerfen, Hindernislauf, Stelzenlauf, Sackhüpfen auch ein Ringkampf sollte stattfinden, natürlich auch „Eierlauf".

Die Kinder übten ehrgeizig, fertigten

Die künftigen Schulanfänger besuchen die Schule und haben viele Fragen

Wenn die Großen zur Schule kommen – ein gruppenübergreifendes Projekt

Medaillen und mithilfe der Erzieherinnen auch Urkunden an. Das Sportfest war ein voller Erfolg, außerdem lernten sich die Kinder schon vor Schulbeginn kennen.

Bei all diesen gemeinsamen Vorhaben und Aktionen beobachteten die Erzieherinnen, dass sich die Kinder in diesen Gesprächszusammenhängen anders verhielten als im Umgang mit den Kleinen in der altersgemischten Gruppe. Dort waren sie die Großen, die immer alles wussten, konnten und meistens bestimmten. Hier mit den altersgleichen Schulanfängern erlebten sie, dass auch andere viel wissen und können, manchmal sogar mehr und besser. Hier hatte jedes Kind viele Ideen, man musste sich absprechen und über das Vorgehen einigen. Erzieherinnen erlebten, dass auch Beziehungen unter Altersgleichen für die Entwicklung wichtig sind.

Den Abschluss dieses gruppenübergreifenden Projektes bildete die Abschlussfeier der künftigen Schulkinder mit allen Kindern und Eltern in der Kita. Schon lange vorher hatten sie über das Programm beratschlagt und die ausgewählten Gedichte, Lieder und Spiele geübt. Von den Hortkindern bekamen sie ein schönes Geschenk: ein selbst angefertigtes Märchenbuch.

Den krönenden Abschluss bildeten die Nachtwanderung der Schulanfänger – bei der natürlich auch ein Gespenst nicht fehlen durfte – und die Übernachtung in der Kita. Ein gelungenes Fest, an das alle noch lange denken werden.

In einer Kita hatten die künftigen Schulanfänger noch eine besondere Überraschung vorbereitet. Gemeinsam mit dem Hausmeister hatten sie im Garten ein Spielhaus aus Holz gebaut, das als „Erinnerungsgeschenk" an die Bleibenden übergeben wurde.

Bei der Vorbereitung und Gestaltung der verschiedenen Vorhaben hatten sich die zukünftigen Schulanfänger untereinander besser kennen gelernt und vertraute Beziehungen aufbauen können. Zugleich hatten sie sich viele neue Kenntnisse und Fähigkeiten auf den verschiedensten Gebieten angeeignet. Die Kinder kannten den Schulweg und ihre Schule etwas genauer und auch einige Anforderungen, die in der Schule auf sie zukommen würden. So konnten sie freudig eingestimmt und zuversichtlich auf die neue Lebenssituation „Schule" zugehen.

Ein Fest für alle bildet den krönenden Abschluss

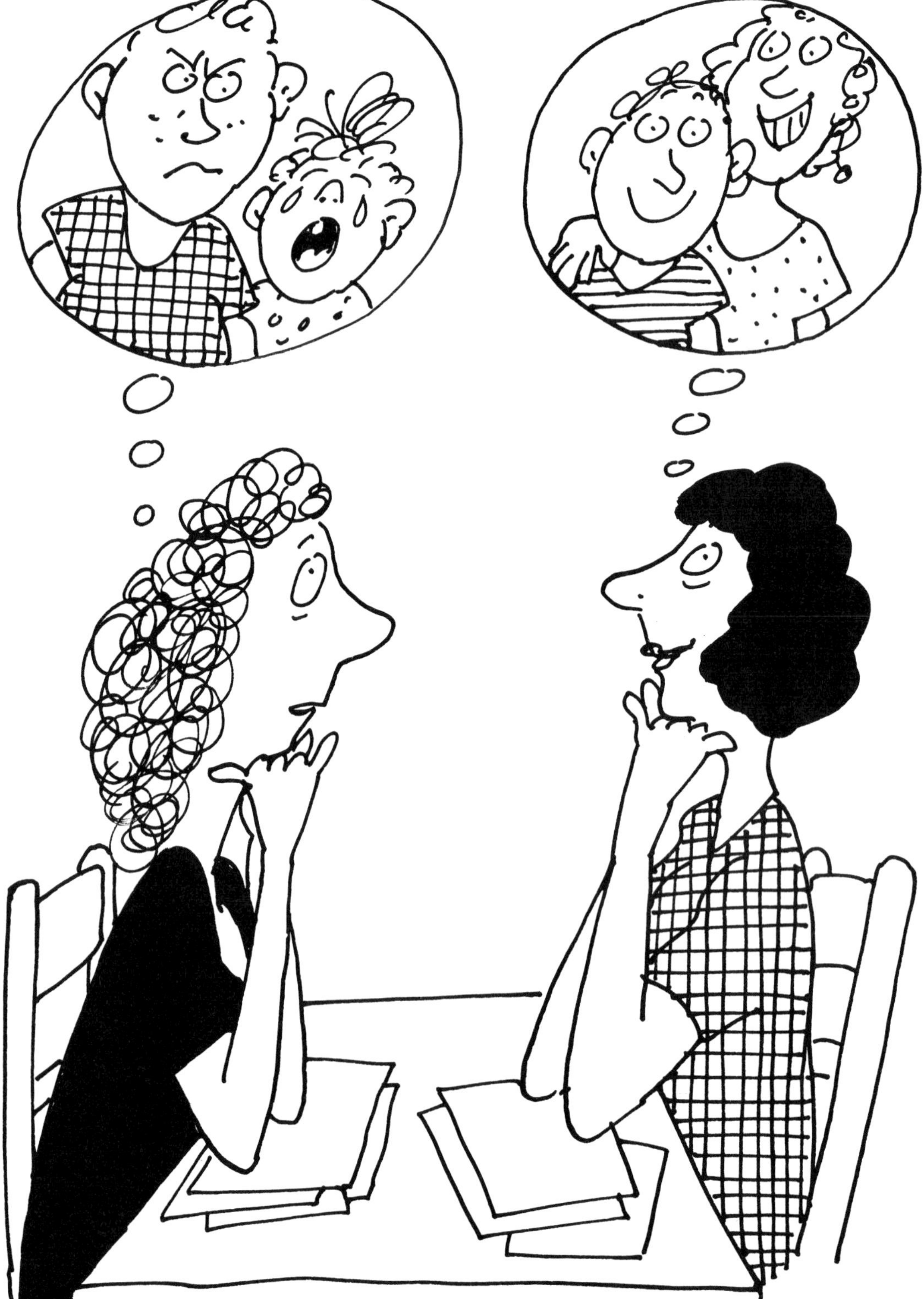

4. Nachdenken – Erfahrungen auswerten

Ein wesentliches Element erfolgreicher pädagogischer Arbeit ist die Reflexion: die Auswertung der Erfahrungen, die man in einer spezifischen Situation gemacht hat.

Im Rahmen des situationsorientierten Arbeitens haben Erzieherinnen ihr praktisches Vorgehen sowie die Ergebnisse auf dem Hintergrund der angestrebten Ziele immer wieder kritisch hinterfragt und mit Kolleginnen gemeinsam reflektiert.
Wichtig war ihnen die Entwicklung der jüngeren und älteren Kinder hinsichtlich der
- Stärkung ihres Selbstwertgefühls und Selbstvertrauens,
- Entfaltung ihrer sozialen Beziehungsstrukturen,
- Erweiterung ihrer Kenntnisse, Fähigkeiten und Fertigkeiten.

Für Erzieherinnen ist es hilfreich, Ursachen und Bedingungen für positive Veränderungen aber auch für Probleme zu analysieren und das eigene Handeln zu reflektieren und weiterzuentwickeln. Nur so begründet sich eine gute pädagogische Arbeit, nur so kann sie gestaltet und eingefordert werden.
Fragen, die sich in diesem Reflexionsprozess bewährt haben, werden überblicksweise dargestellt. Sie bieten Erzieherinnen eine gute Grundlage, die Qualität ihrer Arbeit selbst zu überprüfen.

Nachdenken

Wie geht es den Kindern?

Manche Kinder können in altersgemischten Gruppen anderes Verhalten ausprobieren

„Die Probleme, die ich im Zusammenhang mit der Bildung altersgemischter Gruppen sah, waren nicht die der Kinder, sondern meine." So die typische Selbsterkenntnis einer Erzieherin.

Kleine und Große entfalten vielseitige Beziehungen

Vielseitige Tätigkeiten und Kontakte fördern die individuelle Entwicklung

Im alltäglichen Zusammensein gehen jüngere und ältere Kinder mit Neugier aufeinander zu und treten ohne Angst und Hemmungen in vielfältige Kontakte und Beziehungen. In kleinen Gruppen gesellen sich gleichaltrige und verschiedenaltrige Kinder und gehen ihren selbst gewählten Tätigkeiten nach. Dabei ist zu beobachten, wie die Älteren den Jüngeren dieses oder jenes erklären, etwas zeigen oder direkt helfen. Die Atmosphäre in den Gruppen ist dadurch entspannt, ruhig und anregend geworden. Es kann durchaus mal zu Rangeleien und Streitigkeiten kommen, die Kleinen den Großen mal lästig werden, die Älteren ihren Entwicklungsvorsprung für die Durchsetzung ihrer Interessen ausnutzen.
Wesentlich ist, dass Erzieherinnen solche Verhaltensweisen wahrnehmen und Regeln und Normen für den Umgang untereinander in verschiedenen Situationen immer wieder neu mit den Kindern erarbeiten. Förderliche Bedingungen sind dann gegeben, wenn die Gestaltung der Räume und das Materialangebot die Eigentätigkeit der verschiedenaltrigen Kinder zulassen und stimulieren. Die Kinder können so, ohne sich zu behindern, entsprechend ihren eigenen Interessen tätig sein, sich selbst ohne die ständige Hilfe und Anleitung der Erzieherin organisieren.
Und auch das hat sich bestätigt: Kinder, die in altersgleichen Gruppen auffällig erschienen, können in altersgemischten Gruppen andere Seiten ihrer Persönlichkeit entfalten. Da ist zum Beispiel Julia, die unter Gleichaltrigen oftmals vorlaut und rechthaberisch ihre Interessen durchsetzt. Kleinen gegenüber ist sie rücksichtsvoll und „bemuttert" von sich aus gern die Jüngeren. Oder der fünfjährige Robert, der in der altersgleichen Gruppe nur schwer Kontakt zu anderen Kindern fand und „Außenseiter" war. Er fühlte sich sofort zu den Jüngeren hingezogen, insbesondere zu der dreijährigen Katharina. Über diese engen Beziehungen fand er auch Kontakt zu anderen Kindern und ist heute ein anerkannter Spielpartner.
Dies widerspricht nicht der Erkenntnis, dass die Kinder für ihre Entwicklung das Zusammensein mit Gleichaltrigen suchen und auch brauchen. Insbesondere im Spiel gesellen sich Kinder gern mit annähernd Gleichaltrigen. Offensichtlich können sich diese Kinder aufgrund ähnlicher Erlebnisse und Vorerfahrungen besser in die Spielabsichten und Ideen

Wie geht es den Kindern?

anderer Partner versetzen und so ihre Spielvorhaben gemeinsam weiterentwickeln. Beobachtungen belegen, dass das sowohl für die Älteren als auch für die Jüngeren zutrifft. Deshalb ist es unerlässlich, entsprechende räumliche und strukturelle Bedingungen auch für das ungestörte Zusammensein unter Gleichaltrigen zu schaffen.

Erfahrungen zeigen, dass sich die Kinder, je älter sie werden, gern mal in anderen Gruppen oder im ganzen Haus aufhalten. Dennoch kehren sie immer wieder zu „ihrer" Gruppe, zu „ihrer" Erzieherin zurück. Wenn in der Gruppe „viel los ist", interessante Projekte laufen, die Kinder etwas Wichtiges vorhaben, bleiben sie lieber in ihrer Gruppe. Offensichtlich sind es die für sie interessanten Tätigkeits- und Spielinhalte, die Kinder verschiedenen Alters zusammenführen.

Besonders die Beziehungen und Kontakte zum Wohnumfeld machen das Leben der Kinder interessant und ereignisreich. Erkundungen im Stadtteil, die aktive Teilnahme an Wohngebietsfesten, an Traditionen im Wohnort, das Bekanntwerden mit den Menschen, die dort tätig sind, ma-

Kinder besuchen gern mal die anderen Gruppen

Nachdenken

Die spezifischen Bedürfnisse der Kleinsten müssen besonders berücksichtigt werden

chen das Umfeld der Kinder zu einem anregenden Lernfeld, in dem sich die Jüngeren und Älteren neue Kenntnisse und Fähigkeiten aneignen können. Für die einen ist das große Müllauto wichtig, für die anderen ist es interessant, wie der Abfall sortiert, recycelt und später wiederverwendet wird. Bei allen kann sich Neugier und Freude am Erkunden entwickeln.

Die Jüngsten sind die „Krabbler", die Ältesten die „Horties"

Erzieherinnen und vor allem den Eltern war es wichtig, die spezifische Lage und die Befindlichkeiten der Kleinsten besonders zu berücksichtigen. Säuglinge und Kleinkinder brauchen bestimmte räumliche Bedingungen. Sie benötigen einerseits Ruhe und andererseits Platz, ihren starken Bewegungsdrang auszuleben. Für ihre gesunde Entwicklung brauchen sie eine vertraute Umgebung und vertraute und kontinuierliche Beziehungen. Ein Höchstmaß an Einfühlungsvermögen, an Ruhe und Zeit für Beobachtungen sind erforderlich, um die Intentionen der Kleinen zu verstehen, ihren Wünschen und Bedürfnissen zu entsprechen.

Wie geht es den Kindern?

Untersuchungen belegen (vgl. Schneider 1993), dass Kleinkinder eigene Verständigungsformen haben und sich gegenseitig in den ersten Lebensjahren vielfältig in ihrer Entwicklung anregen können. Kleine Kinder müssen vor allem Zeit für ihre Entwicklung haben, Ruhe, um eigene Tätigkeitsmöglichkeiten zu entdecken und sich ungestört ausprobieren zu können. Wenn sie immer nur mit den Älteren „mitmachen", kann sich das ungünstig auf ihre Entwicklung auswirken.

In dem Bemühen, den spezifischen Bedürfnissen der jüngsten Kinder in besonderer Weise zu entsprechen, haben sich verschiedene Formen und Strukturen in Kindereinrichtungen herausgebildet. Vielerorts erproben Erzieherinnen erfolgreich das Zusammenleben von Kindern im Alter von null bis zwölf Jahren in sogenannten Familiengruppen. (Siehe hierzu z. B. Klein, L./Vogt, H. 1995) Einige Erzieherinnen in den neuen Ländern, die ohnehin Krippen, Kindergärten und Horte zusammenlegen mussten, haben in ihren Kitas für Kinder unter zwei Jahren und für die Schulkinder eigene Grupen eingerichtet. Diese Erzieherinnen sind überzeugt, dass den entwicklungsbedingten Bedürfnissen und den Lebenssituationen der Kleinsten und Größeren so am besten entsprochen werden kann.

Die Entscheidung für eine Kleinstkindergruppe liegt darin begründet, dass viele Krippenerzieherinnen in den Kindertagesstätten eine differenzierte Ausbildung und jahrelange Berufserfahrungen im Umgang mit Säuglingen und Kleinkindern mitbringen.

Leben in der „Krabbelstube" heißt aber nicht, dass die Kinder dort isoliert und abgeschirmt von den anderen Kindern sein müssen. Die offene Arbeit ermöglicht es ihnen, mit zunehmendem Alter andere Gruppen zu besuchen. Auch die älteren Kinder – vor allem auch die Geschwister – sind gern gesehene Gäste der ganz Kleinen.

Auch Hortkinder haben ihren eigenen Bereich. Durch die Lebenssituation „Schule" haben sie viele gemeinsame Erfahrungen und Erlebnisse, über die sie sich gern mit anderen „Betroffenen" austauschen. Gemeinsame Freizeitinteressen und Freundschaften verbinden sie. Die Hausaufgaben füllen einen Teil ihres Lebens am Nachmittag aus. Die Schulkinder wollen sich danach vor allem entspannen und ihren eigenen Interessen nachgehen.

Die Hortkinder haben ihren Bereich

Günstige Lebensbedingungen haben sie dort, wo sie die Räume entsprechend ihren Neigungen selbst ausgestalten, ihren selbst gewählten Betätigungen nachgehen, Hobbys und Freizeitinteressen entwickeln können.

Die offene Gestaltung der Arbeit in der Kindertagesstätte ermöglicht ihnen vielfältige Kontakte zu den Kindern und Erwachsenen im ganzen Haus. (Siehe hierzu auch den Band: Wenn die Schule aus ist. Der Hort zwischen Familie und Schule, in dieser Praxisreihe.)

Nachdenken

Was sagen die Eltern?

Eltern konnten ihre anfänglichen Ängste und Bedenken weitgehend überwinden

Nach anfänglichen Bedenken haben die Eltern sich davon überzeugen können, dass die Arbeit in altersgemischten Gruppen gute Entwicklungsbedingungen für ihre Kinder bietet. Sie sind erstaunt, wie schnell sich insbesondere die Jüngeren entwickeln und selbstständig werden. Dennoch sind Ängste geblieben, dass etwas passieren könnte, wenn die Kinder sich ohne direkte Aufsicht im Haus oder im Garten bewegen oder die Kleinen mit den verschiedensten Materialien und Werkzeugen selbstständig umgehen. Sie sind andererseits zufrieden, wenn die Kinder am Abend ausgeglichen und fröhlich von einem ereignisreichen Tag nach Hause kommen.

Die Eltern der künftigen Schulanfänger stellen beruhigt fest, dass ihre Kinder viel lernen, insbesondere bei der Bearbeitung von Projekten. Gleichzeitig begrüßen sie die differenzierten gruppenübergreifenden Angebote zur direkten Vorbereitung auf die Schule. Dennoch bleibt den Erzieherinnen die Aufgabe, die schulvorbereitenden Elemente der Arbeit nach dem Situationsansatz – das Lernen bei der Bewältigung der alltäglichen Lebensanforderungen – noch bewusster zum Tragen zu bringen, um so den Forderungen der Eltern nach einer systematischen Vorbereitung des Unterrichts noch sachkundiger zu begegnen.

Viele Eltern sind interessiert an der Arbeit in der Kita und suchen den Dialog mit den Erzieherinnen. Sie

Was sagen die Eltern?

wollen konkret angesprochen werden und wissen, in welcher Richtung ihr Mitdenken und ihr Mittun gefragt ist. So haben sich Eltern in verschiedenen Kitas engagiert an den Diskussionen zu den konzeptionellen Zielen und pädagogischen Absichten der Bildung altersgemischter Gruppen beteiligt.

Die Lebenssituation von Kindern und Familien heute, die Erwartungen der Eltern und ihre Vorstellungen von der Erziehung ihrer Kinder waren und sind immer wieder Themen in kleineren und größeren Gesprächsrunden. Bei mancher Erzieherin musste sich erst ein Verständnis dafür entwickeln, dass einige Eltern durch die Umbruchsituation in den neuen Bundesländern mit eigenen Problemen so belastet sind, dass sie sich kaum um die Belange der Kindertagesstätte kümmern können.

Besonders bewährt haben sich in der Zusammenarbeit mit den Eltern Dokumentationen über die Arbeit mit den Kindern in Form von Wandzeitungen, Elternbriefen oder auch Kita-Zeitungen. Die Eltern werden über Bedeutsames im Leben der Kindergruppe informiert und zur Mitarbeit eingeladen. Eltern, Großeltern und Geschwister unterstützen die Kinder gern bei der Realisierung ihrer Vorhaben – vor allem bei der Gestaltung von Festen und Höhepunkten und der Umgestaltung der Räume.

Eltern ermöglichen den Kindern aber auch Einsichten in verschiedene Lebens- und Arbeitsbereiche im Wohnumfeld.

Wichtig ist, die Eltern spüren zu lassen, dass ihre Unterstützung gebraucht und ihre Überlegungen ernst genommen werden.

Eltern müssen spüren, dass ihre Überlegungen und ihr Mittun gebraucht werden

Nachdenken

Wie ist es den Erzieherinnen ergangen?

Das richtige Maß zwischen Selbstbestimmung und Unterstützung der Kinder finden

Erzieherinnen haben ihre Bedenken und Unsicherheiten in Bezug auf die Arbeit in altersgemischten Gruppen weitgehend überwunden. Sie haben erfahren, dass diese Aufgabe höhere Anforderungen an ihr differenzierendes und individualisierendes Handeln stellt. Andererseits macht der Umgang mit den Kleinen und Großen die Arbeit abwechslungsreicher und die Zusammenarbeit mit den anderen Kolleginnen entschärft den Alltagsstress. Sie empfinden ihre Tätigkeit zwar anstrengender, aber auch interessanter, weil sie jedes Kind in seiner individuellen Entwicklung wahrnehmen und begleiten können.

Es fiel den Erzieherinnen nicht leicht, sich in ihrer „führenden Rolle" zurückzunehmen und den Kindern mehr Eigenaktivität im Denken und Handeln zuzugestehen. Nicht wie gewohnt, selbst die Inhalte und Angebote für alle auszuwählen, bedeutete eine große Umstellung. Stattdessen wurde wichtiger, die Kinder zu beobachten und sie differenziert bei ihren selbst gewählten Tätigkeiten zu unterstützen, ihnen bei der Realisierung ihrer Vorhaben zu helfen. Eine Erzieherin ertappte sich immer wieder bei einem: „So, nun wollen wir mal ..."

Die Zusammenarbeit im Team hat sich verändert

Mit Interesse und teilweisem Erstaunen haben sie beobachtet, wie viel die Kinder eigenständig unter sich regeln, was Kinder alles voneinander lernen können, ohne dass Erwachsene eingreifen und als „Vermittler" auftreten.

Dies mindert in keiner Weise den Anspruch der Erzieherinnen, die Kinder durch gezielte Angebote in ihrer Entwicklung zu fördern. Der Prozess des Nachdenkens über das richtige Maß zwischen selbstbestimmtem Tun der Kinder und dem bewussten Schaffen von Entwicklungsanreizen ist noch nicht abgeschlossen.

Erzieherinnen konnten in das neue Konzept ihre Erfahrungen aus der DDR-Pädagogik einbringen. Insbesondere ihre vielseitigen Kenntnisse und methodischen Erfahrungen in den verschiedenen Bereichen wie musikalische Erziehung, künstlerisch-praktische Tätigkeiten, Förderung des sprachlichen Ausdrucksvermögens, Bekanntmachen mit dem gesellschaftlichen und natürlichen Umfeld halfen ihnen bei der entwicklungsfördernden Gestaltung der themenbezogenen Projekte und der differenzierten Unterstützung der Kinder. Ihre Fähigkeit, die Arbeit bewusst zu planen und zu strukturieren, können sie auch unter veränderten konzeptionellen Vorstellungen gut einbringen.

Nach anfänglichen Bedenken empfinden viele Erzieherinnen die Zusammenarbeit mit einer anderen Erzieherin als sehr positiv. So hat jede tendenziell die Möglichkeit, sich mit ihren Vorlieben und Stärken einzubringen. Die ehemaligen Krippenerzieherinnen, Kindergärtnerinnen und Horterzieherinnen können sich mit ihren jeweils spezifischen Erfah-

Wie ist es den Erzieherinnen ergangen?

rungen gut unterstützen, wobei Kommunikationsprobleme nicht ausbleiben.

Schwierigkeiten im alltäglichen Ablauf treten immer dann auf, wenn eine Erzieherin ausfällt. Auch die Zeit für die gegenseitige Verständigung ist zu knapp. Oft erfolgen notwendige Absprachen nur „zwischen Tür und Angel". Erzieherinnen fordern mehr Zeit für die Vor- und Nachbereitung.

Die neuen Aufgaben und die gemeinsam zu lösenden Fragen haben die Zusammenarbeit im Team gefestigt. Erzieherinnen erkennen immer mehr, dass die Arbeit in altersgemischten Gruppen und die offene Arbeit im Haus gemeinsame konzeptionelle Absprachen und die Verständigung über geplante Vorhaben zwingend erfordern. Doch dazu fehlen fast immer die notwendigen zeitlichen Bedingungen.

Erzieherinnen haben selbst gespürt, dass sich neue Erziehungsauffassungen nur in einem langen Diskussions- und Erprobungsprozess umsetzen. Neid und Konkurrenzkampf sind dabei nicht auszuschließen und belasten Beziehungen und das Arbeitsklima. Eins wird immer deutlicher: Eine an realen Lebenssituationen von Kindern orientierte pädagogische Arbeit erfordert ein ständiges Nach- und Weiterdenken, ist ein ständiger innovativer Prozess.

Die Arbeit ist anstrengender, aber auch interessanter geworden

Nachdenken

Wie die eigene Arbeit überprüfen?

Die folgenden Leitfragen können als Grundlage für die eigenständige Überprüfung der Qualität des pädagogischen Handelns und für Teamberatungen genutzt werden.

1. **Zur Entwicklung der jüngeren und älteren Kinder:**
   - Inwieweit äußern und befriedigen sie ihre individuell unterschiedlichen Bedürfnisse nach Essen, Trinken, Schlafen, Ruhe und Bewegung?
   - Wie leben sie ihre entwicklungsspezifischen Bedürfnisse nach emotionaler Zuwendung und Geborgenheit aus? Inwieweit grenzen sie sich auch gegen unerwünschte Kontakte ab?
   - Bringen sie ihre Emotionen, Wünsche, Erfahrungen, das was ihnen wichtig ist, ein? Wie zeigt sich das bei welchen Gelegenheiten?
   - Inwieweit kommen individuelle Eigenheiten zum Tragen? Wie bereichern sie das Gruppenleben? Wo entstehen Konflikte?
   - Wie entwickeln sich vertraute Beziehungen zwischen den verschiedenaltrigen Kindern? Worin zeigt sich das Zusammengehörigkeitsgefühl?
   - Inwieweit entwickelt sich gegenseitiges Verständnis für die unterschiedlichen Erwartungen und Wünsche der Kleinen und Großen?
   - Welche Regeln wenden sie an, um ein befriedigendes Zusammenleben zwischen Kleinen und Großen zu gestalten und sich zu orientieren?
   - Wie lernen Kinder Verantwortung für gemeinschaftliche Aufgaben zu übernehmen? In welchen Situationen geben Kinder Hilfe, wird Hilfe gesucht und angenommen?
   - Woran zeigt sich, dass die Jüngeren und Älteren Spaß und Interesse am Experimentieren, Erproben, an der Auseinandersetzung mit Lebenszusammenhängen haben?
   - Welche Einfälle und Ideen bringen die Kleinen und Großen in das Kitaleben ein?
   - Welche Tätigkeiten organisieren sie selbst? Beschäftigen sie sich ausdauernd und intensiv mit einer Sache?
   - Inwieweit sind die Jüngeren und Älteren an der Auswahl der Lerninhalte beteiligt? Welche Erlebnisse spiegeln sich im Spiel und sonstigen Tätigkeiten wider?
   - Gibt es Kinder, die sich den Anforderungen entziehen? Welchen?

2. **Gestaltung der pädagogischen Arbeit:**
   - Wie erfahren Erzieherinnen, wie es dem einzelnen Kind geht, was es macht und wie es sich entwickelt? Welche Hilfen bewähren sich für eine gezielte Beobachtung?
   - Lässt die Raumgestaltung sowohl gemeinsame als auch individuelle Tätigkeiten der Kinder zu? Können sich Kinder auch mit Altersgleichen ungestört zusammenfinden?
   - Inwieweit sind die jüngeren und älteren Kinder in die Gestaltung der Räume einbezogen? Welche „Spuren" hinterlassen die Kleinen, welche die

Wie die eigene Arbeit überprüfen?

Großen? Können sie auch Eigenes aufbewahren?
- Inwieweit regt das (Spiel-)Material die jüngeren und älteren Kinder zum Experimentieren, Erkunden und kreativen Gestalten an? Wie wird das eigenständige Tätigsein der Kinder stimuliert? Wie werden individuelle Fähigkeiten gefördert?
- Gibt es im Tageslauf Raum und Zeit, damit die Kinder ihren entwicklungsspezifischen Wünschen und Interessen nachgehen können? Können sie andere Räume nutzen?
- Wie werden Regeln für das Zusammenleben in der Gruppe erarbeitet? Welche haben sich bewährt?
- Was macht den Tag für Kinder ereignisreich und interessant? Woran haben Kleine und Große Spaß? Welche ihrer Vorhaben werden durch Projekte und Angebote unterstützt (differenziert, gruppenübergreifend, mit allen Kindern)?
- Welche Orte im Umfeld werden Kleinen und Großen erschlossen? An welchen Ereignissen können sie teilnehmen? Zu welchen Personen außerhalb der Kita haben sie Kontakt?
- Wo haben Erzieherinnen selbst noch offene Fragen? Wie kann man Antworten finden und notwendige Entscheidungen treffen?

3. **Beteiligung und Mitwirkung der Eltern:**
- Wie verständigen sich Erzieherinnen mit den Eltern über Ansprüche und Erwartungen an die Betreuung und Erziehung ihres Kindes in der Kita?
- Wie werden Eltern über Vorhaben der Kinder und Erzieherinnen informiert und zur Mitarbeit angeregt?
- Wie gelingt es, die besonderen Interessen und Erfahrungen der Eltern und anderer Erwachsener und Kinder für die Arbeit in der Kita nutzbar zu machen?

Nachdenken

Wie geht es weiter?

Kenntnisse und Erfahrungen bereichern

Öffnung nach innen: altersübergreifendes Arbeiten

Mithilfe von Fortbildung und Beratung wollen Erzieherinnen ihre Kenntnisse und Erfahrungen zur Arbeit in altersgemischten Gruppen weiter vertiefen. Sie nehmen sich vor, die Entwicklungschancen des Zusammenlebens der verschiedenaltrigen Kinder bewusster für die Verwirklichung der Ziele und Prinzipien des Situationsansatzes zum Tragen zu bringen. Wichtig ist ihnen dabei, die Lebenssituation der jüngeren und älteren Kinder in ihrem sozialen Umfeld genauer zu analysieren, bedeutsame Situationen zum Gegenstand des Handelns zu machen. Dabei sollen die entwicklungspsychologischen Voraussetzungen der verschiedenaltrigen Kinder stärker berücksichtigt werden.
• Was ist für die Jüngeren und was für die Älteren bedeutsam?
• Welcher Bezug lässt sich zu den Lebenserfahrungen der jüngeren und älteren Kinder herstellen; was ist ihnen zugänglich, was nicht?
• An welchen Vorhaben können sich alle beteiligen, in welcher Weise?
• Wo ist Differenzierung notwendig?

Zum Wohnumfeld öffnen

Die ersten Schritte bei der Öffnung der Kita nach innen werden ausgebaut. Die Erzieherinnen wollen aber noch weiter gehen und die Kindertagesstätte nach außen zum Wohnumfeld öffnen. Altersübergreifendes wird ausgedehnt zu generationsübergreifendem Arbeiten. Kitas sollen zu einem Ort des Zusammenlebens von Jung und Alt, der Begegnung und Kommunikation von Kindern und Erwachsenen werden. Für dieses Anliegen müssen Eltern, Träger, Bewohner des Wohngebietes, Mitarbeiter in Institutionen und Vereine als Partner gewonnen werden.
• Wozu liegen bereits erste Erfahrungen vor?
• Was ist mancherorts schon Realität?

Kitas haben ihren Spielplatz für alle Kinder des Wohngebietes geöffnet. Arbeitsgemeinschaften in den Kitas stehen am Nachmittag allen Kindern des Wohngebietes offen.
Die Kinderbibliothek – von den Kindern selbst eingerichtet und verwaltet – können alle im Wohngebiet nutzen.
Für Kinder, deren Mütter oder Väter im Erziehungsurlaub sind, steht stundenweise die „Krabbelbox" zur Verfügung.
Im Elterntreff kann man sich unkonventionell zum Kaffeeklatsch oder „auf ein Glas Bier" treffen und neue Kontakte knüpfen. Ein Therapeut, eine Ärztin und eine Sozialarbeiterin bieten ihre Beratung bei besonderen Problemen in der Entwicklung und Erziehung der Kinder an.

Wie geht es weiter?

Senioren können in der Kita Mittag essen und sich zu verschiedenen Aktivitäten treffen. Ihre Hilfe und Unterstützung bei Vorhaben in der Kita werden gern angenommen.
Feste und Feiern im Wohngebiet, im Dorf, im Stadtteil schaffen Begegnung und Kommunikation zwischen jungen und alten Menschen, fördern gegenseitiges Verständnis und Beziehungen.
Die Erfahrungen machen deutlich: Die Zusammenarbeit mit verschiedenen Vereinen wie Tierschutzverein, Umweltschützern, Tanz- und Musikgruppen oder Sportvereinen bereichert das Leben in der Kita und unterstützt wiederum die Vereine, da die Kinder deren Arbeit kennen lernen und potentielle Mitglieder sein können. Viele Vorhaben lassen sich nur über eine solche Kooperation und die Einbeziehung ehrenamtlicher Kräfte verwirklichen.

Kindereinrichtungen reagieren so auf veränderte gesellschaftliche Erfordernisse und entwickeln ihr Profil weiter hin zu einem „Haus der Begegnung" im Wohngebiet.
So können die altersgemischte Gruppe und das Zusammentreffen von Kindern und Erwachsenen das Leben der verschiedenen Generationen bereichern und dazu beitragen, Verständnis für unterschiedliche Interessen und Bedürfnisse zu entwickeln, Tendenzen der Ab- und Ausgrenzung entgegenzuwirken.
All diese Erfahrungen sollen anregen und ermutigen, Neues unter Beachtung der Situation und den konkreten lokalen Bedingungen auszuprobieren, die Möglichkeiten und Wege der Arbeit in Kitas weiterzuentwickeln.

Öffnung nach außen: generationsübergreifendes Arbeiten

Verwendete Literatur

Arbeitsgruppe Vorschulerziehung: Anregungen I. Zur pädagogischen Arbeit im Kindergarten, München 1975, S. 18–22

DJI Projekt Orte für Kinder: Öffnung nach innen, Projektblatt 5/93, München 1993

DJI Projekt Orte für Kinder: Neue Formen des Zusammenlebens: Altersmischung, offene Gruppen. Projektblatt, München 1994

Haberkorn, R.: Altersgemischte Gruppen – Eine Organisationsform mit vielen Chancen und der Aufforderung zu neuen Antworten. In: DJI (Hrsg.) Orte für Kinder. Auf der Suche nach neuen Wegen in der Kinderbetreuung, Weinheim 1994, S. 129–148

Krappmann, L./Peukert, U.: Entwicklungsschritte von Kindern und Jugendlichen und die Altersmischung im Kindergarten und Hort. In: Krappmann, R./Peukert, U.: Altersgemischte Gruppen in Kindertagesstätten, Freiburg 1995, S. 90–125

Peukert, U.: Sinnvolle Alternative oder Notbehelf? Pädagogische Überlegungen zu altersgemischten Gruppen in Kindertagesstätten. In: Krappmann, R./Peukert, U.: Altersgemischte Gruppen in Kindertagesstätten, Freiburg 1995, S. 79–83

Schneider, K.: Die Bedeutung von Gleichaltrigen-Beziehungen für Kinder unter drei Jahren. In: DJI-Projekt Orte für Kinder: Öffnung nach innen. Projektblatt 5/93, München 1993, S. 56–67

Thiersch, R./Maier-Aichen, R.: Studie über die Beziehungen von Kindern in drei unterschiedlichen Einrichtungen unter dem Gesichtspunkt von Altersmischung und Öffnung der Gruppen. Projekt-Materialien 4, Landesjugendamt Württemberg-Hohenzollern

Völkel, P.: Leben und Lernen in altersgemischten Gruppen. Entwicklungspsychologische Aspekte einer neuen Betreuungsform. In: Krappmann, R./Peukert, U.: Altersgemischte Gruppen in Kindertagesstätten, Freiburg 1995, S. 47–53

Literatur zum Weiterlesen

Das Hessische Ministerium für Umwelt, Energie, Jugend, Familie und Gesundheit informiert. Orte für Kinder. Erfahrungen aus Hessen, Kindergarten 8

Jugendamt der Stadt Hanau (Hrsg.): Die Alice-Salomon-Kindertagesstätte, Hanau 1995

DJI-Projekt Orte für Kinder: Öffnung nach innen, 5/1993, München 1993

Deutsches Jugendinstitut (Hrsg.): Orte für Kinder. Auf der Suche nach neuen Wegen in der Kinderbetreuung, Weinheim 1994

Erath, P.: Abschied von der Kinderkrippe? Ein Plädoyer für altersgemischte Gruppen in Tageseinrichtungen für Kinder, Freiburg 1992

Kebbe, A. (Hrsg.): Kinderhaus konkret/Altersmischung 0 bis 12 Jahre, Theorie und Praxis der Sozialpädagogik Extra, Heft 19/1995

Klein, L./Vogt, L.: Leben in der Familiengruppe – Ein Praxisbuch über die große Altersmischung, Freiburg 1995

Krappmann, L./Peukert, U.: Altersgemischte Gruppen in Kindertagesstätten, Freiburg 1995

Ministerium für Kultur, Jugend, Familie und Frauen Rheinland-Pfalz: „Haus für Kinder", Mainz 1994

Petersen, G.: Auf die Mischung kommt es an. In: Kinderzeit, Heft 1, 1988/89, S. 13 – 17

Petersen, G.: Kinder unter drei Jahren in Tageseinrichtung. Grundfragen der pädagogischen Arbeit in altersgemischten Gruppen, Band 1, Stuttgart 1989

Rituale – Regeln – Ordnung in Kindertagesstätten. Theorie und Praxis der Sozialpädagogik (TPS), Heft 3/1984

Vogt, L.: Die Mischung macht's! In: Welt des Kindes (WdK), Heft 4/1993

Wie viel Gruppen braucht das Kind? TPS, Heft 4/1996

Wer an dem Buch beteiligt war

Heidi Schröder, Ute Beer, Doris Metze, Kindertagesstätte „Anne Frank" in Jena – Modelleinrichtung

Gisela Schernikau, Angelika Reimer, Bärbel Blaschke, Kindertagesstätte der AWO „Bummi" in Kühlungsborn – Modelleinrichtung

Ingrid Stahnke, Birgit Michelis, Kindertagesstätte „Sonnenschein" in Bad Wilsnack – Modelleinrichtung

Karin Büttner, Kita „Villa Kunterbunt" in Crussow – Modelleinrichtung

Anke Rauhbuch, Simone Schröter, Kindertagesstätte Wiecker Straße in Berlin-Hohenschönhausen – Modelleinrichtung

Ellen Eisold, Petra Schliecke, Kindertagesstätte Werner-Seelenbinder-Straße in Heidenau – Modelleinrichtung

Petra Leis, Gabi Rommeis, Kindertagesstätte „Kinderland" in Weimar – Modelleinrichtung

Simone Nauert, Kindertagesstätte Schönauer Ring in Leipzig – Modelleinrichtung

Sabine Carl, Brigitte Hanse, Angela Fritz, Evangelische Kindertagesstätte in Lindenberg

Adelheid Burmeister, Kita „Kinderland" in Pritzwalk

Christa Kiepsch, Kita „Am Holzhof" in Pritzwalk

Cornelia Bauroth, Margret Wirker, Doris König, Kindertagesstätte Raffineriestraße in Halle

Doris Braun, Kita „Haus Sonnenschein" in Pritzwalk

Marlies Böhme, Kindertagesstätte „Kunterbunt" in Pirna

Die Moderatorinnen des Projektes Kindersituationen: Dr. Ulrike Linkner, Thüringen; Erika Weber, Mecklenburg-Vorpommern

Die Praxisreihe zum Situationsansatz

Situationen von Kindern erkunden, pädagogische Ziele setzen und den Alltag mit Kindern gestalten: Wie das geht und wie Kinder dabei fit fürs Leben werden, zeigen diese Praxisbücher mit vielen guten Ideen und praktisch Erprobtem aus über 100 Kindertagesstätten.

Herausgegeben von Jürgen Zimmer.

Sabine Naumann
Was heißt hier schulfähig?
Übergang in Schule und Hort
ISBN 3-473-98901-0

Christine Lipp-Peetz
Wie sieht's denn hier aus?
Ein Konzept verändert Räume
ISBN 3-473-98902-9

Elke Heller
Gut, dass wir so verschieden sind
Zusammenleben in altersgemischten Gruppen
ISBN 3-473-98903-7

Sabine Naumann
Hier spielt sich das Leben ab
Wie Kinder im Spiel die Welt begreifen
ISBN 3-473-98904-5

Christa Preissing
Wenn die Schule aus ist
Der Hort zwischen Familie und Schule
ISBN 3-473-98905-3

Sabine Naumann
Natürlich von klein auf!
Ökologische Lebensgestaltung in der Kita
ISBN 3-473-98906-1

Götz Doyé, Christine Lipp-Peetz
Wer ist denn hier der Bestimmer?
Das Demokratiebuch für die Kita · ISBN 3-473-98907-X

Elke Heller, Sabine Naumann
Was zählt?
Vom Umgang mit Geld und anderen Werten
ISBN 3-473-98908-8

Christa Preissing
Und wer bist du?
Interkulturelles Leben in der Kita
ISBN 3-473-98909-6

Elke Heller
Etwas unternehmen
Kinder und Erzieherinnen entwickeln Eigeninitiative
ISBN 3-473-98910-X

Götz Doyé, Christine Lipp-Peetz
Das soll einer verstehen!
Wie Erwachsene und Kinder mit Veränderungen leben
ISBN 3-473-98911-8

Jürgen Zimmer
Das kleine Handbuch zum Situationsansatz
ISBN 3-473-98912-6

Zwölf Praxisbände, „Die Materialbox" und „Das Diskussionsspiel" in einem Gesamtpaket (ISBN 3-473-98915-0).

Vertrieb durch Pädagogische Arbeitsstelle
Postfach 18 60 · D-88188 Ravensburg · Telefon (07 51) 86 16 48
Erhältlich im Buchhandel, Praxisbände auch einzeln.